武術のプランC

意識操作で関係を変える
――禁断のコンセプト

“邪道”で壁を突き破る。

YSPC

YSPC Martial Arts Academy
渡邊康人

BAB JAPAN

prologue

「Think different」がカッコいいと教えてもらった。

「Think」それは、ＩＢＭの初代社長のモットーです。ＩＢＮの初代社長トーマス・Ｊ・ワトソンは、「考えることはあらゆる前進を生み出す源だ」「考えていませんでしたでは通用しない」という考え方の持ち主でした。「ただやるだけ」では壁を超えることはできません。「ひたすらやるだけ」でも足りません。「工夫と知恵」を出して、はじめて人は壁を超えていけるのです。準備の先に直感というものが瞬くのは、プロなら誰でも知っています。それでも「やみくもに考えれば」うまくいくわけでもありません。

「工夫と知恵をどう出していくのか」「アイデアはどう生み出すか」。そこに答えを出したのがアップル社のジョブズでした。アップル創業者のスティーブ・ジョブズは勇気の人です。彼は考え方に「違いを持とう」「違うということに誇りを持て」と世の中に、社員に放ったのです。

１９９７年、スティーブ・ジョブズ率いるアップルコンピュータ社は、「Think different」というスローガンを使います。アップル社は、ＩＢＭの「Think」に「Different」を加えました。「ＩＢＭとウィンドウズって親戚だけど、俺たちアップルは違うんだ。あいつらとは考え方が同じではないんだ。それってかっこいいんだぜ：Think different」という価値観を世に放ったのです。

当時アップル社は「Crazy Ones」というキャンペーンを同時に展開します。「クレイジーな奴らが世界を変えていく」という広告です。ジョン・レノン、ボブ・ディラン、キング牧師、エジソン、ガンジー、ヒッチコック、チャップリン、ピカソなど偉人や天才の映像を次々に流し、その中で「非常識なことを考えることができる『狂った奴』でなければ、世界を変えることなんかできやしない」という内容をもったCMをテレビで流しました。

人の欲望とは、極論「変化と変身」です。そこから変わりたいのです。人は生まれ変わることができるのです。今いる場所から「はみ出す」ことです。「みんな」から出ることです。あなたの足元には、線引している場所があります。その線を跨げばクレイジーの側です。

「Think different」と「Crazy Ones」とは非常識のことです。非常識とは孤独であり、その時点でユニークです。はみ出した勇気には、称賛と嫉妬の渦が待っています。称賛されても、嫉妬されても、人は孤独です。自分の道とは孤独なものなのです。

何かをうまくやるには「Think」です。そこから抜きん出ていくには「Different」が必要です。自由を手にするとは「Think different」の勇気なのです。


まず他人の「Think different」を参考書にしよう。

contents

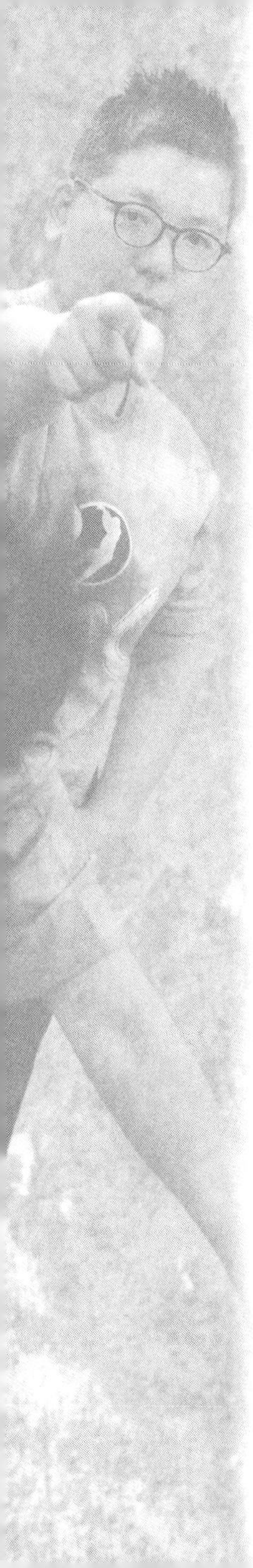

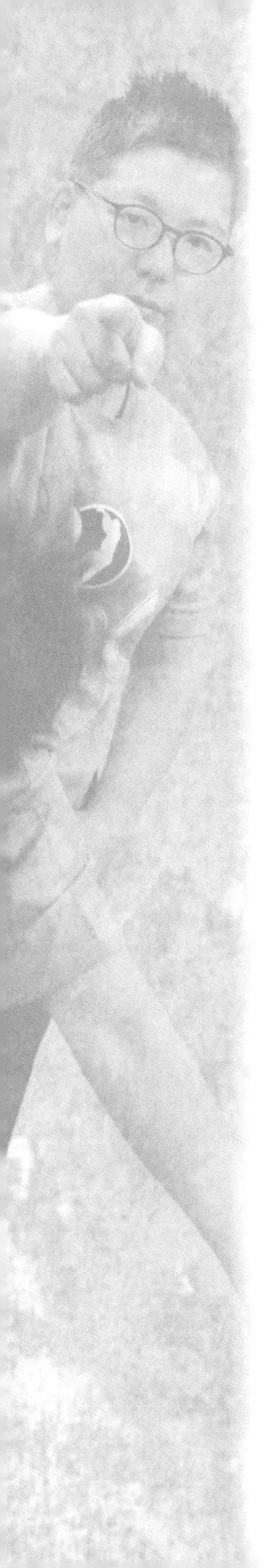

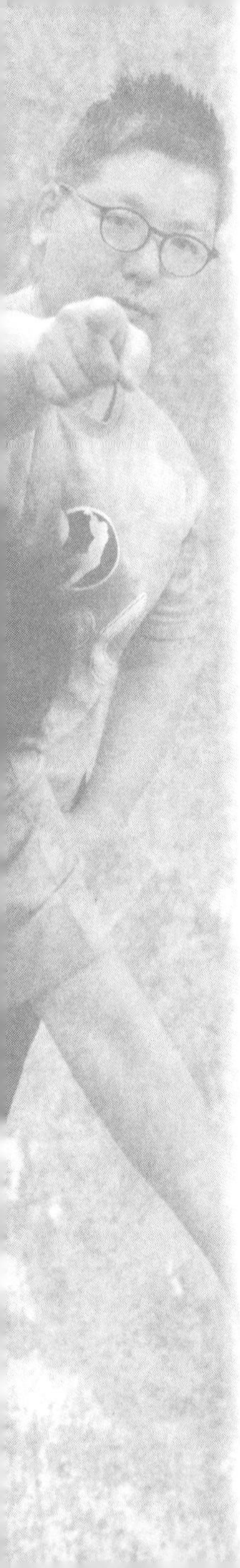

今より、未来を先取りしよう。

Chapter 1

プランCでいこう。

守っていても成功できない

日本には「守破離」という芸事のプロセスを端的に説明した用語があります。まず、師匠の型をできるだけ忠実に守っていく「守」というプロセス。次に、積み上げてきた型を破っていく「破」というプロセス。最後に型からも離れ、独自の論を展開していく「離」というプロセスです。

芸事は型を忠実に学び習得しても、それだけではモノにならないということです。学んだものを学んだ通りに実際に使っても使い物にならない。それは伝統の形式を学ぶ方ほど痛感していくプロセスです。「やっぱりこのままじゃダメだなあ、少しアレンジ加えないと」です。師匠のメンツを潰さないように、アレンジを加えていくというタブーを広げていくことで「型」と「型破り」という具体的な調整を心得ていきます。

型破りが成功する

守っていても成功できない。
個性とは型から離れること。

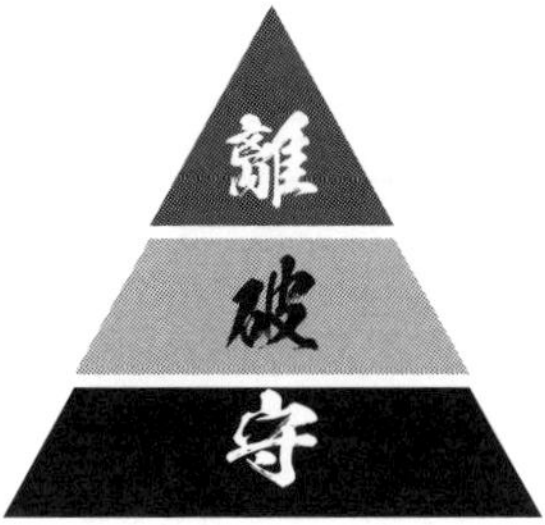

実は、学んだことが使えるようになるのは、型破りをした後なのです。だからといって型がないままに動くのは「型なし」と言われます。自分というこだわりを捨てた型の中に一度は入る必要があります。自分を捨てて型にハマり、型を破るプロセスを経て成功は手に入るのです。

始めてすぐは、始める前よりぎこちなくなるというプロセスが芸を学ぶということなのです。同時に、破られるために型は存在していると考えるほうがいいのです。

個性とは型から離れることです。師匠のオリジナルにアレンジを加えても、オリジナルを超えられません。忠実に真似ても、アレンジを加えても、自分自身の答えではないからです。それに気づいた頃には「形とかそういうことではないんだな」と悟ります。

世の中の常識も、ある意味、決まりきった型なのです。常識や伝統、権威にぶら下がったままでは大きな成功もできません。常識から非常識を超え、掟破りまでいけると成功の道が開けるのです。

弱者の答え ①

AでもBでもなくプランCを持とう。

弱いのに勝てる方法を探そう。

▼スピードと威力は作戦ではない

人は「速く動ける力」と「破壊する力」という強さを求めます。速度と威力を手に入れている存在は、テレビの中のスーパーヒーローです。憧れのスーパーヒーローは超人であり、それは達人ではありません。達人は「速く動かないのに」技をかけることができる存在です。達人は「破壊力がないのに」技をかけることができる存在です。エネルギーが高くないのに相手が崩れるというシステムを持っています。

スピードと威力が、技の成功と直結しなくてもいい

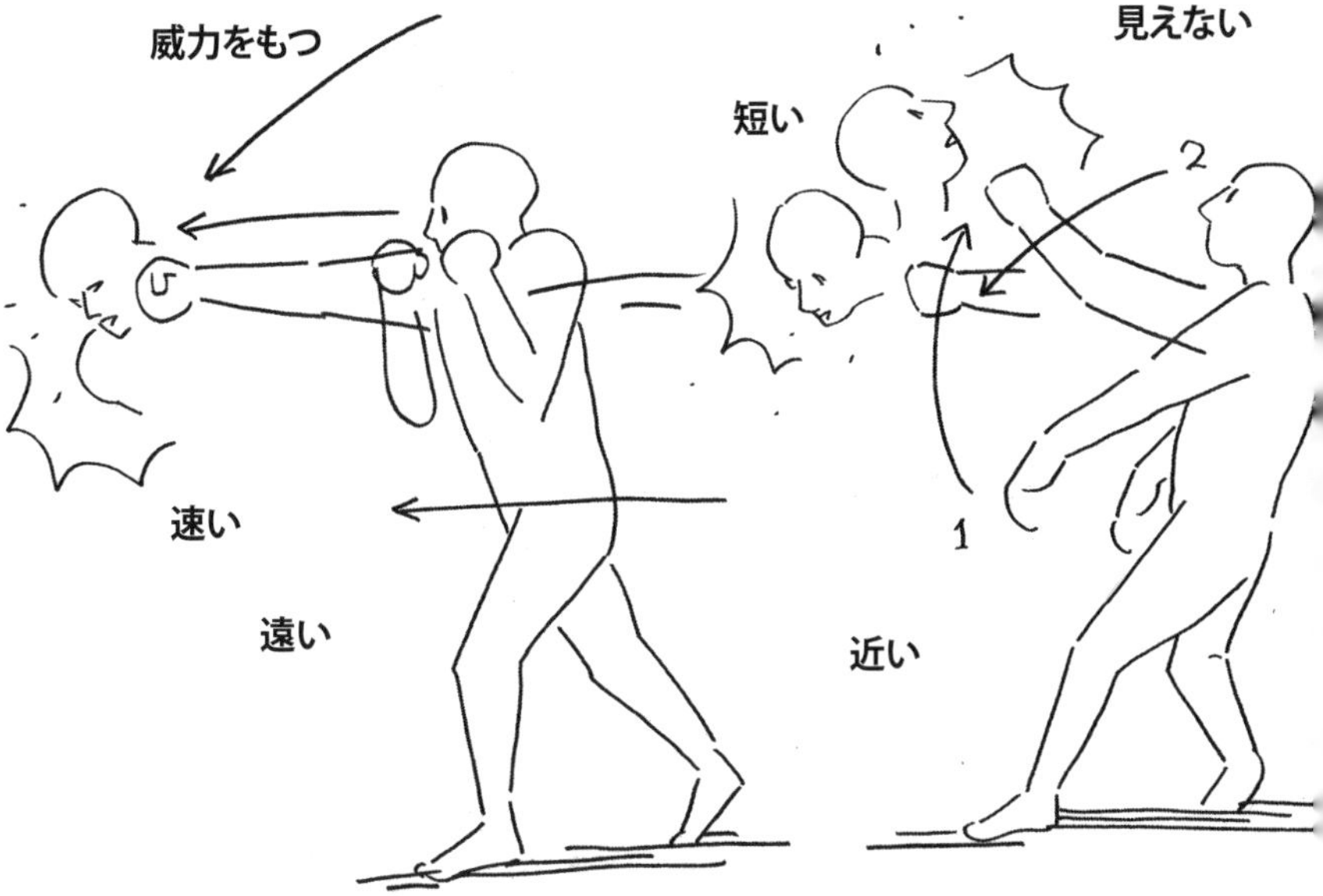

スピードと威力がある。

スピードと威力はないけれども、死角から崩す。

実は、人が感じるものはスピードではなく、スピード感です。人が威力があると感じるビジュアルイメージもあります。感覚や印象は、必ずしも事象と同じではないため科学は存在していません。武術の面白さは、速度や威力ではないところで結果が出せるのです。「痛くもなく・強さでもない」ロジックを研究しているのも武術です。刃物があれば、痛さも、強さも不要の世界だからです。

スピードと威力とは、身体という武器をチューンナップすることです。筋トレすることと、身体を上手に操れるように鍛えることは同じです。

いずれもチューンナップであり、戦車化するか戦闘機化するかの世界です。ここには作戦というものが入っていません。「カブにまたがる新聞配達員が戦車に勝つ方法」というのが作戦です。武術はそれを学ぶことができます。私が研究していることもチューンナップではなく作戦です。

「〇〇でも勝てる方法」というのが作戦です。強い人間には、作戦も応援もアドバイスも不要です。すべての学問は「弱者でも勝てる〇〇の方法」のことです。「強くなれ」「強くあれ」と叫ぶのは、弱者の切り捨てです。戦争では、優秀ではない人を切り捨てない人材センスが最後には勝ちます。

弱者の答え 2

ポンコツが勝つための作戦を持とう。

計画しよう。

弱い軍隊は強い軍隊と同じ戦い方をしても勝てない

作戦とは、弱いチームが強いチームに勝つための方法のことです。当たり前ですが、強いチームと同じ戦い方をしても負けてしまいます。「明日、優勝チームと戦うから今からいっぱい練習しよう」では無謀です。やり方は無数にあっても、相手と違う戦い方を用意しておくことです。あらゆる戦術理論を研究しておいて、なおかつ前例のない戦い方で挑みます。

数も経験も予算もあるのが強い軍隊です。弱いというのは、まず数としてすべてが少な

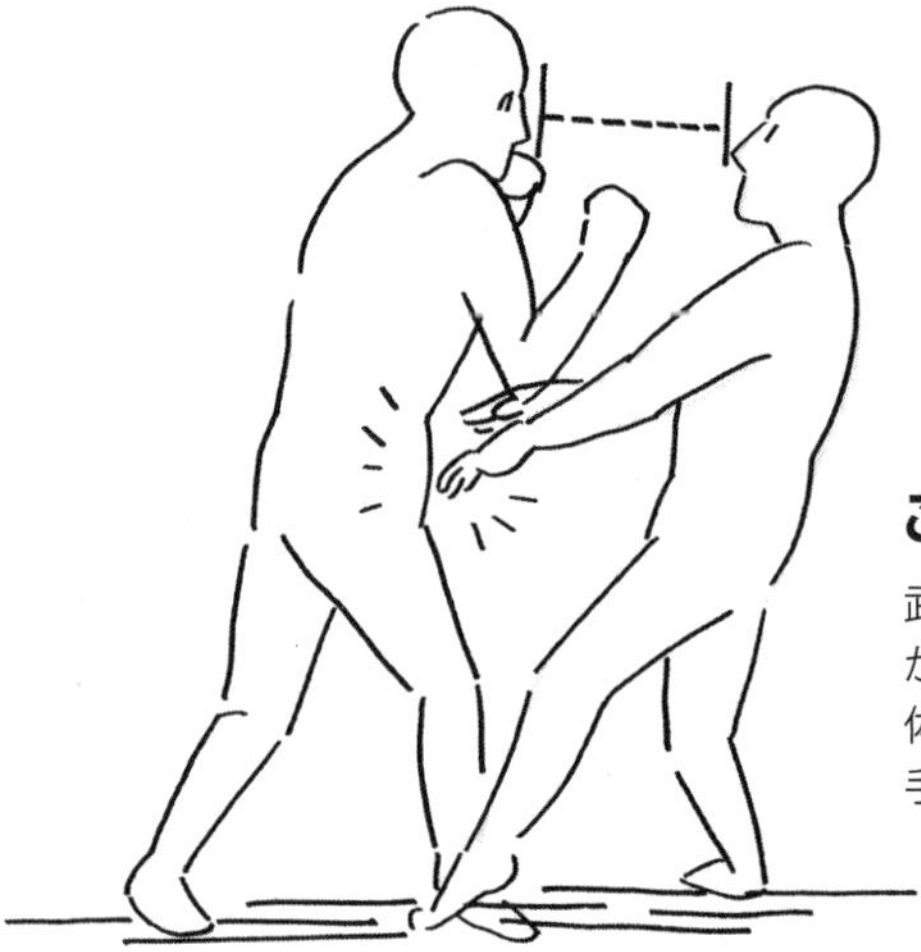

こっそり仕掛ける

武術の構えは、相手に気づかれないところで、相手の体にものすごく近い位置に手（武器）を置いている。

いということです。経験、練習量、大きさ、速度、手数、人数、予算、勝率が少ないのです。少ない数字で戦い生き残る作戦が、武術という学問です。知恵とは、少ない数でどうやって生きていくかを教えることなのです。増やせば勝てるという理論を、わざわざ人に教わる必要はないのです。

テロとは強いものが始める行為ではありません。テロは声の届かない弱者だから仕掛けるのです。話し相手にもさせてもらえないので、テロがはじまるのです。弱者とは少数派のことです。多数派が表舞台に出ることをテロリズムと言いません。少数派は、テロ行為、ゲリラ戦、破壊工作、スパイ活動と決まっています。弱者の戦い方はテロリストの戦い方しか残されてないのです。

　ゲリラ戦とは掻き回すことです。敵ではないフリをして相手のアジトに侵入して爆弾を仕掛けます。爆発したときには、また民間人のフリをしてさっさと脱出するのです。007もイーサン・ハントもルパン三世もやっていることはゲリラ戦です。正々堂々と戦わず、コソコソやることもカッコいいのです。

　映画の主人公というのは弱者で、本当に強いのは敵役です。主人公は、積極的に掻き回しながら、敵役を追い詰めていくのです。敵役に追い詰められるのは主人公のお芝居です。映画の最後には、敵役も対応に追われる様を見せ、オロオロするのです。主人公は観客も敵役も攪乱させるために一芝居打っているのです。

弱者の答え 3 常に先手に回ろう。

準備しよう。

本番の時間は短い、準備のクオリティにこだわるのが作戦

実力とは本番の底力のことです。実力があるのに負けたという言い方がありますが、本番こそが実力です。本番になると強いという言い方もありますが、それは本当に強いのです。本番の強さとはメンタルが8割です。本番でメンタルが狂わないように意識してトレーニングするのです。本番に強くないから、勉強し、学び、練習するのです。

『葉隠』で有名な「武士道とは死ぬことと見つけたり」という言葉があります。「どうせ、いつ死ぬかわからないのだから備えておこう」という意味です。今が大切になってくるのは、そこに必ず終わりがあるからです。最期を意識しているからこそ、今どうあるべきかを『葉隠』は説いてます。いつ死ぬかわからないのだから、生きている間は死ぬ準備なのです。

本番とはエンディングのことです。エンディングをどう終わらせたいのか、そのために何ができるのかです。ものづくりの一番おもしろい部分は、ほとんどが仕込みの段階にあります。料理は瞬間芸術です、作るのも食べるのも一瞬です。せっかくの盛り付けた皿も、口の中に入っているのも一瞬で消えます。しかし、アイデアを捻出し、食材を厳選し、仕込みには最も時間が割かれています。

技術と実力のある料理人は、その場で魔法のように料理を作れます。しかし、美味しい料理を作る方法は技術だけではないのが芸術です。アイデアを捻出し、食材を厳選し、仕込みに時間をかけていけば、魔法は誰もが生み出せるのです。

喧嘩は1人に対しての持ち時間は2秒以内の世界です。パパパンというあっという間の世界です。2秒を過ぎたら喧嘩ではなく決闘です。2秒しかないのでクオリティなんてありません。本番でクオリティを気にしても意味がないのです。代わりに、準備で差をつけていくのです。準備にクオリティを求めているから、本番の時間は短くて済むのです。

▼準備の達人を目指す

映画『七人の侍』のリアリティは仕込みの時間を長く描いたからです。農民が相談し、侍を雇い集め、情報を集め、作戦を用意し、罠を仕掛ける。そうやって観客と主人公たちが一緒に準備を楽しんで決闘に入るのです。面白い銀行強盗の映画や、脱獄映画は仕込みの時間をたっぷり描きます。映画の最後に「勝ったのは農民だ」というセリフが入ります。農民とは一緒に準備に参加して観ていた観客のことなのです。農民は準備でプロに勝てばいいのです。

護身術には二つあります。一つはセルフディフェンスです。セルフディフェンスとは、直前で防衛する「現行犯逮捕」のことです。二つ目はセルフプロテクションです。事前に備えて行動する「予防」のことです。

起きたことの対応に急ぐことだけが護身ではありません。それよりも、起きる前に想定できる予防と準備が大切です。予防と準備とは、想定できることは事前に決めておくということです。事前に決めておけば、いざとなればすぐ行動に移せます。直前で急ぐより、あらかじめ決めておくことで速度を超えるのです。時間の貯金は今のうちにできるのです。

弱者の答え 4

今のうちに備えを貯金しよう。

想定しよう。

▼達人は想定内の行動に備えている

物事を単純にするためには、パターン化して捉えることです。例えば、日本人はこう、イギリス人はこういうパターンと考えるのです。厳密には違うけれど、おおよその当たりをつけてしまうということです。だいたいこの辺りに来るから、そのときバットを振れば当たるというのです。これが厳密になると、ボウリングのスパットみたいになります。そこに置いて転がせば倒す率が上がるというモノを探すのです。

スパットで打率が変わるというのは、身体操作ではありません。単純化してヒットする

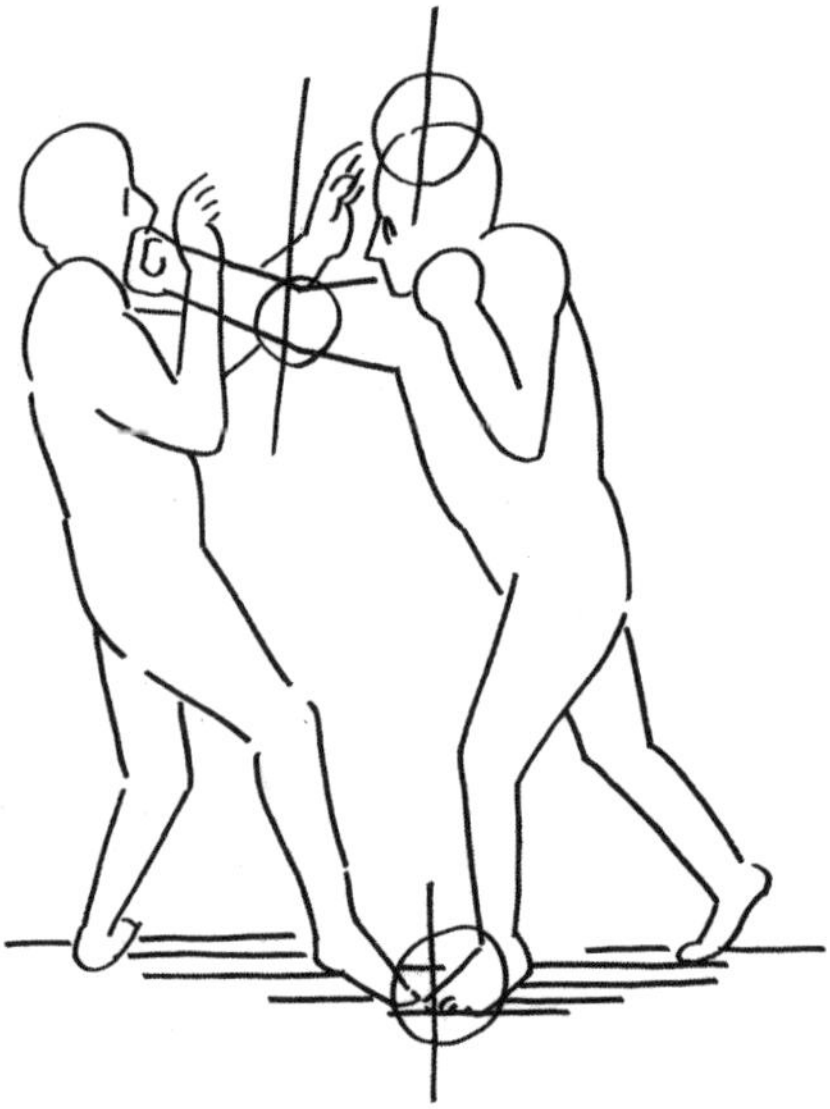

集中するほど、狙う場所は決まってくる

攻撃の軌道に関係なく、相手が当てるときの頭と肘、足の位置は想定できる（当てる前から）。

率が上がる仕組みを知れば面白くなります。私たちは本当は、身体操作がほしいのではありません。本当は威力がほしいのではありません。打率やコントロール力、成功率や勝率を上げたいのです。

極意は身体の中にだけあるのではないということです。攻撃、投げ、防御という動作の中間地点にもスパットはあるのです。

例えば、相手の攻撃の「対処」にもスパットはあります。攻撃してくる相手の身体の位置というのは、ある程度当たりがつくのです。パンチをもらうとき、相手の肘と頭の場所は軌道に関係なく決まっています。パンチが来るまでわからないのではなく、来る前からわかっているのです。本当は相手が殴るときの足の位置もわかっています。どこに来るのかわかっているのであれば、それに備えておけばいいのです。

❶リラックスして両腕を胸前に上げた構えで準備し、❷想定の位置に相手の足と肘が来た瞬間に、左手をただ上げるだけで、カウンターになる。その際、足は動かしていない。

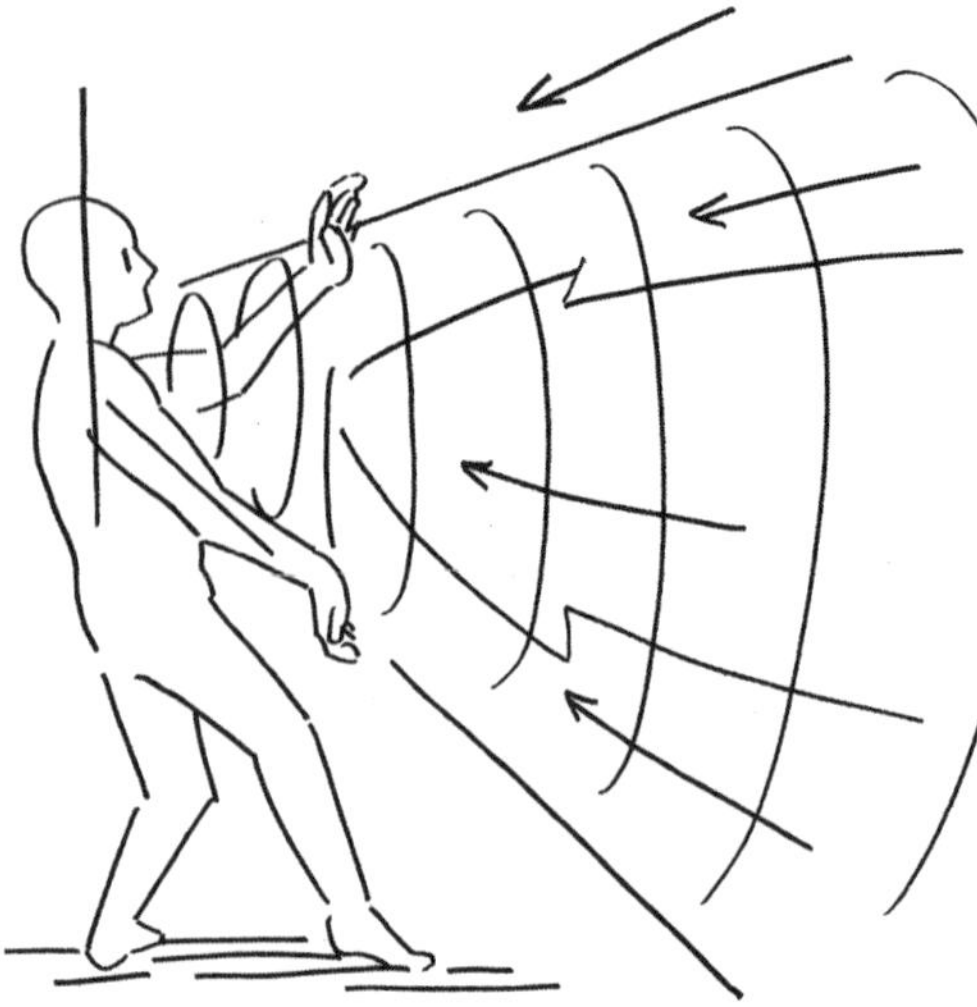

集中と誘導

自分の体に近いほど、相手の攻撃範囲はメガホンの形で狭く集中していくのが想定できる。

▼相手を想定内の場所に誘導して集中させる

すでに備えができているところに誘い込むのが戦術です。当たりがついている場所に誘導させるというのが駆け引きです。武術は空間の操作です。穴があったら覗いてしまうのが人間です。武術の構えは、穴を用意して、誘導して、迎撃するシステムです。

何があっても対応できるようにするのは理想ですが、最初から目指すことではありません。相手に対応するのではなく、相手に仕掛けるのです。武術は魔法であり、手品です。手品はアイデアとハッタリと駆け引き、つまり心

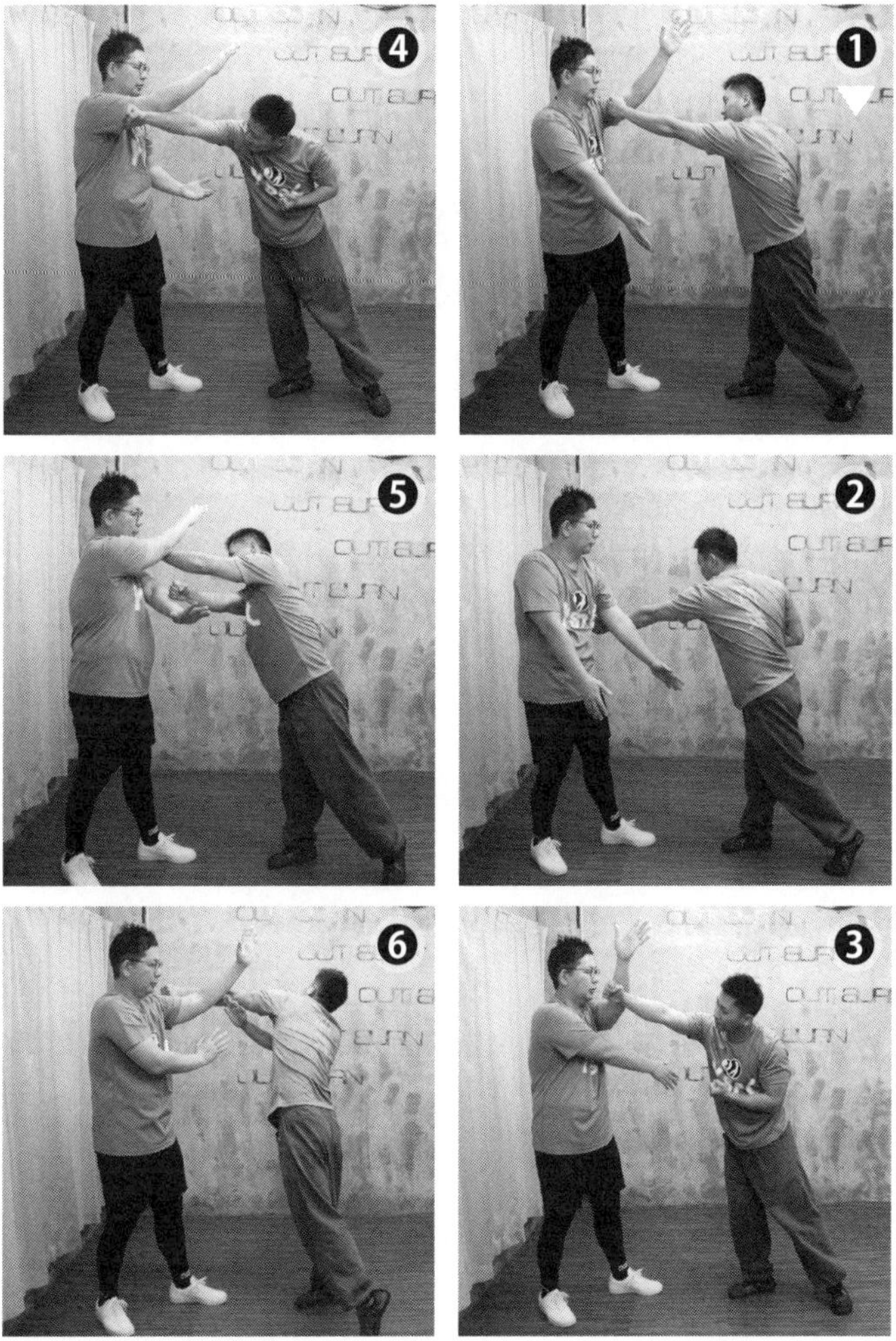

❶相手の攻撃を頭部に誘導し、❷自らの左手を下ろすだけで相手の左パンチを外側にそらすことができる。❸相手の右パンチを左手内側で捉え、❹自らの右手を上げて外側にそらす。❺続く相手の左パンチを右手内側で捉え、❻左手を上げて外側にそらし、相手を崩す。一連の動きの中でフットワークは使っていない。

理学なのです。

駆け引きとは自分から仕掛けることです。例えば、恋愛には駆け引きが必要といいます。しかし、いずれかが好きと言わない限り駆け引きは生まれません。先に「君が一番好き」と言ったほうが駆け引き上手になるのです。好きだと伝われば、注目してもらえます。デートに誘うより、好きを伝えるほうが先です。「君が好き。デートしよう」長い口説き文句はいりません。恋愛も武術もシンプルに仕掛けていくのです。

和合とは「君のこと好きになった。デートしよう」です。

弱者の答え 5

武術から恋愛の駆け引きを学ぼう。

「意重身」——重心も身体も意識で操ろう。

Chapter 2

心から動こう。

身体から動くのは不自然

型にはまった動きでは自由に自然に動くことができません。達人というのは究極、自然体です。その動きには、不自然さがありません。作られた動きになっていないのです。何万回と練習してきた動きとは違います。毎回が初めてのようなライブな動きです。特別なことはしていない無駄のない「迷いのない」動きには、仰々しさもありません。テクニック（技）を持っているようにも見えません。あまりにも自然すぎて、「わざ（技）とらしくない」のです。

バンジージャンプや飛び込み台ですることは、ただ前に飛び込むだけです。それでも、走り込んだ勢いだけでは前に飛べません。恐怖で足がすくみ止まるのです。飛び込む前に恐怖を克服することもできません。恐怖を克服できるようになるのは、飛び込んだ後だからです。恐怖を持ったまま、飛ぶしかないのです。飛べる人は、飛ぶと心で決断した人だけです。決断した人は、怖がりながらも自ら落ちることができるのです。怖くても行動できたのは、飛ぶと心が決めたからです。

身体操作をしていると、まず先に身体が動いていると思ってしまいます。身体を先に動かすのは、とても人工的で不自然な動作です。心から動いたときに、重要性を持ったときに身体は自然に動くのです。行動することで結果が出せるというのは間違いなのです。心が動いたから、面倒でも「わざわざ」出向き行動できたのです。本当は、行動は原因ではありません。行動すら結果です。この世界は、思考以外はすべて決断の結果です。その心が何を大切にして生きてきたかを、行動で証明しているのです。

▼火事場の馬鹿力の再現こそ武術

どんな分野も成功する方法は同じです。潜在意識を利用して成功しています。「潜在意識で成功する」とは「うっかり成功する」ということです。気づいたら、うっかり成功してしまった感じです。我に返ったら、成功していたという状態です。気づいたら、相手に技をかけているというのが成功体験なのです。

技をかけようと思っていたら、その時点でまだそのレベルです。達人は技をかけようと思っているのは、かける前の段階だけです。技をかけているときは、もう違うことを考えています。潜在意識的に成功するときは、行動と思考は一致していません。他を考えている間に成功しているということなのです。潜在的に行動するといつのまにか成功します。

潜在的に行動するとは、火事場の馬鹿力を使っていることです。助けているときは、助けようと思っていません。救う行動に集中し、淡々と救助活動をこなすのです。助けようと思っている時点で、そのレベルなのです。困ったら手を差し伸べているのでは遅いのです。それではいつ助けるべきか判断しかねます。困っていないときから、目を配り、手を握っているのです。最初から心は決まっているのです。ハートで生きていいのです。

弱者の答え 6

魂で身体を引っぱり出そう。

手と頭を使おう。

腰から身体を運ぶと言われているが

身体を使うときは土台である足腰が大切と言われます。腰は身体を支える大切なものです。しかし、物体は中心から運ぶものではありません。少し傾けて軽くなった状態にして転がすのです。腰が前や後ろに倒れても身体は倒れません。頭や肩が動くことで上体は崩れ、前に進むようになっています。

身体の使い方を勉強していると骨の構造から運動を考えてしまいます。運動のコツは骨ですが、運動のキモは違うところにあります。コツとは、朽ちない不変という意味で骨が由来です。キモとは、中身の意味で内臓のことです。私たちの正体は骨ではなく内臓です。骨が歩いているのではありません。脳を運んでいるのです。脳が細分化され、それを骨と筋肉で化粧しているのです。

情報を集めると手と頭が先に移動する

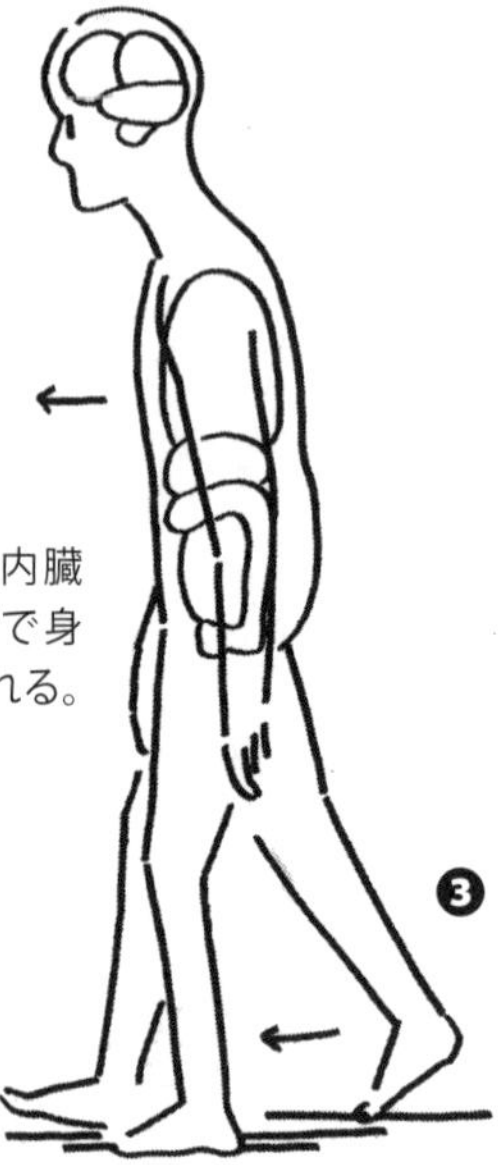

脳→他の内臓→足の順で身体は運ばれる。

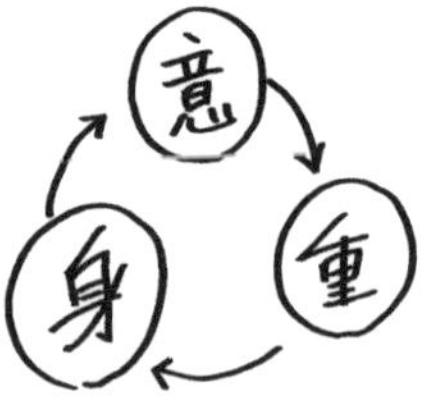

行動は原因ではなく、行動も結果。行動が心を作るのは洗脳。心から体を動かすのが自然。

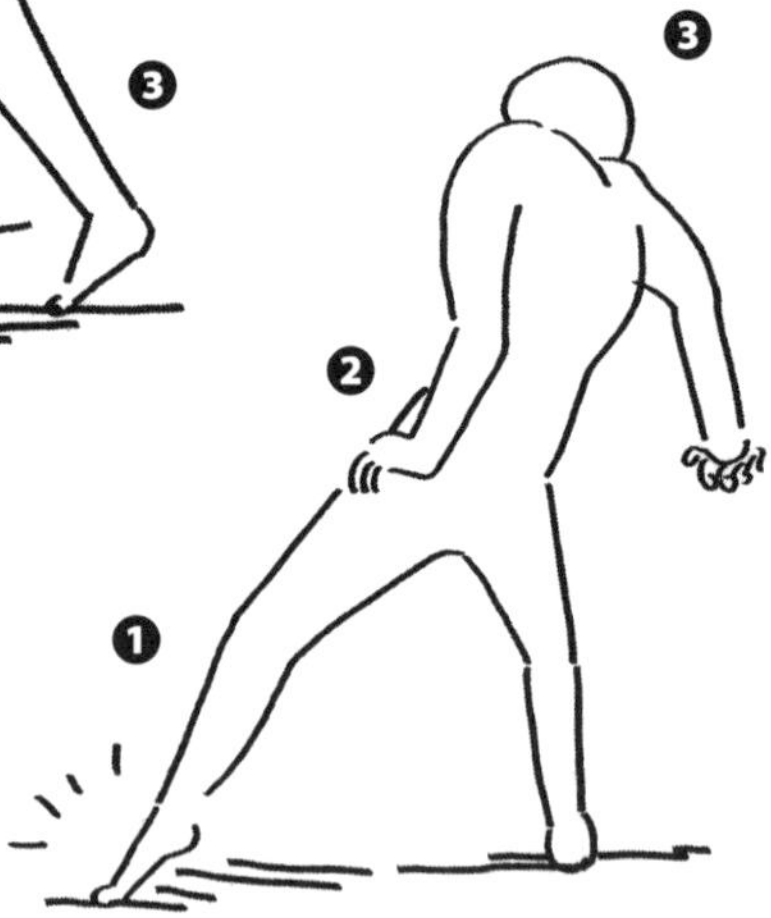

足腰から先に動く動作は、警戒した不自然な移動。

脳は情報を溜める場所であり、情報を拾う場所です。脳は目と鼻と耳と舌と直結し、脳のすぐ下には腕がぶらさがっています。脳と五感はすぐそばにあり、足元には脳はありません。情報を集めようとするパーツはすべて最上段にあります。見るもの、聞くもの、触りたいものがあれば、身体は関心を向けたほうにバランスを崩していくのです。意識した情報に自然に傾き、偏るように神様はデザインしたのです。

▼背骨と骨盤は最後についてくる

神様の作ったデザインは、すべての生き物が同じです。人の背骨の中に入っている神経こそ、生物のプリミティブな姿です。その姿はオタマジャクシであり、精子です。頭が前に進んで、背骨がそれを追いかけるのです。鳥も、魚も、チータも、人間もオタマジャクシに手足が生えたのです。

バランスは腰で取るものではありません。手(腕)と頭で取るものです。スキーやスノーボードのようなバランス系のスポーツでも同じです。両手を広げて膝を曲げて腰を深く落とす姿勢ではバランスは取れません。そのままだと頭と上半身が垂直に足首の上にあるか

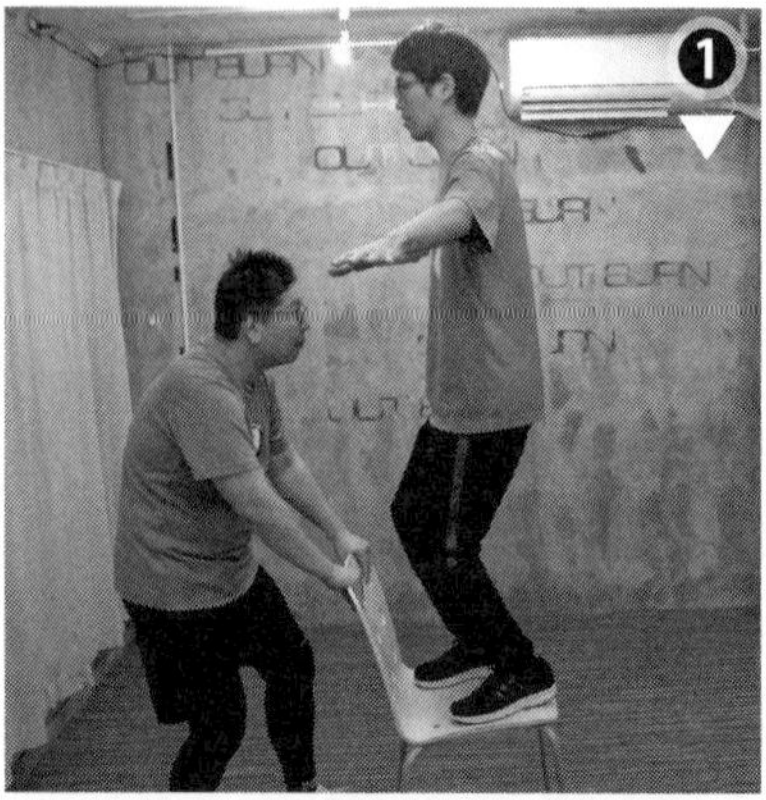

椅子の上に立ち揺らしてもらう。❶背骨は真っ直ぐ両手を広げ膝を曲げた姿勢よりも、❷足首より前に頭を出し、腕を少し前に垂らしたような姿勢のほうが、格段に安定を感じられる。

頭で重心のバランスを作る

手と頭はコアより前にあるとバランスがいい。

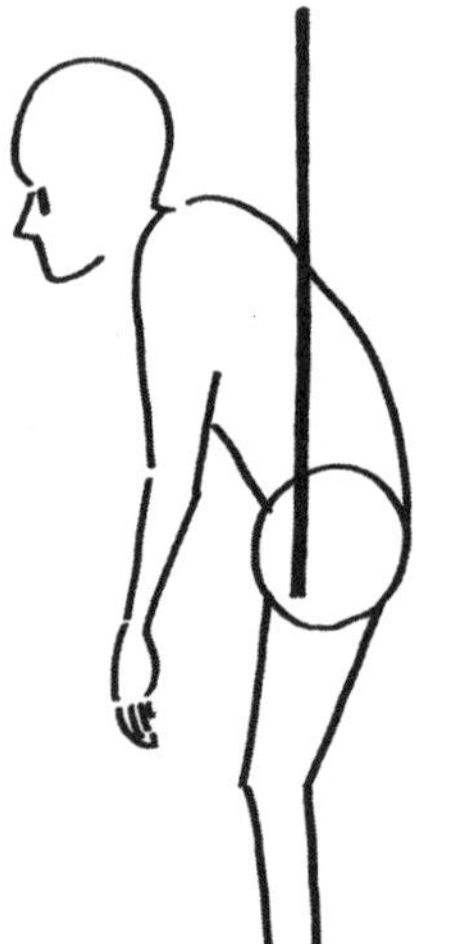

らです。足首より前に頭を出し、腕を少し前に垂らしたような姿勢をとります。こうすると軽く押されたくらいでは崩れないバランスが手に入るのです。頭と腕が自由に動く姿勢こそ、動物的バランスといえるのです。自然体な身体とは、蛇やチーターのように頭が前にあっていいのです。

弱者の答え 7

顎を引くのをやめて、首を自由にしよう。

目で見て、指さそう。

▼重さと重みは違う

人は見た方向に身体が曲がっていきます。身体が曲がるだけではありません。見た方向に自然と重心も移るのです。移動する力は、体重をかける必要はありません。関心が高い

身体操作も重心操作も意識操作でできる

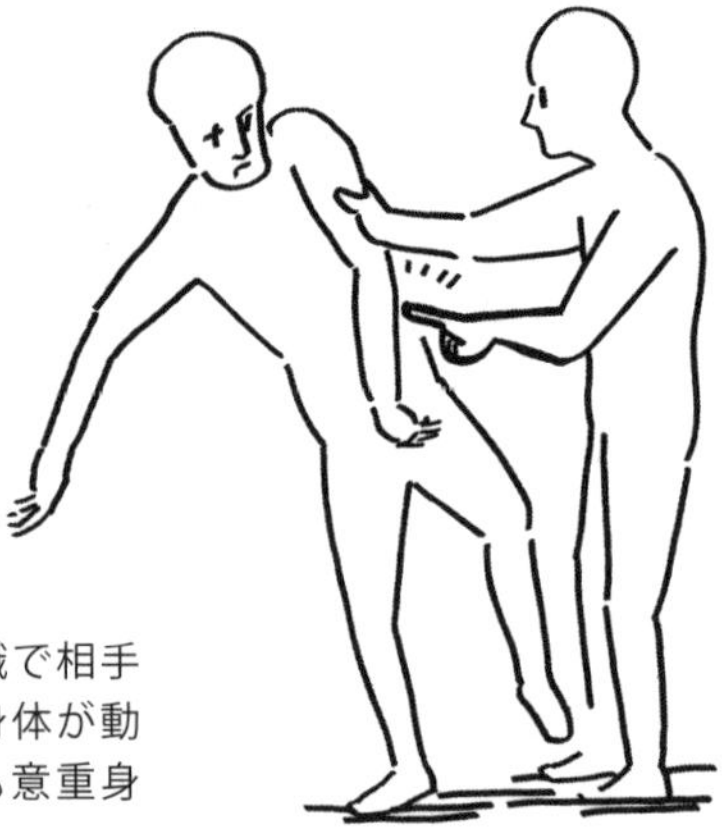

自分の意識で相手の重心と身体が動く。これも意重身の働き。

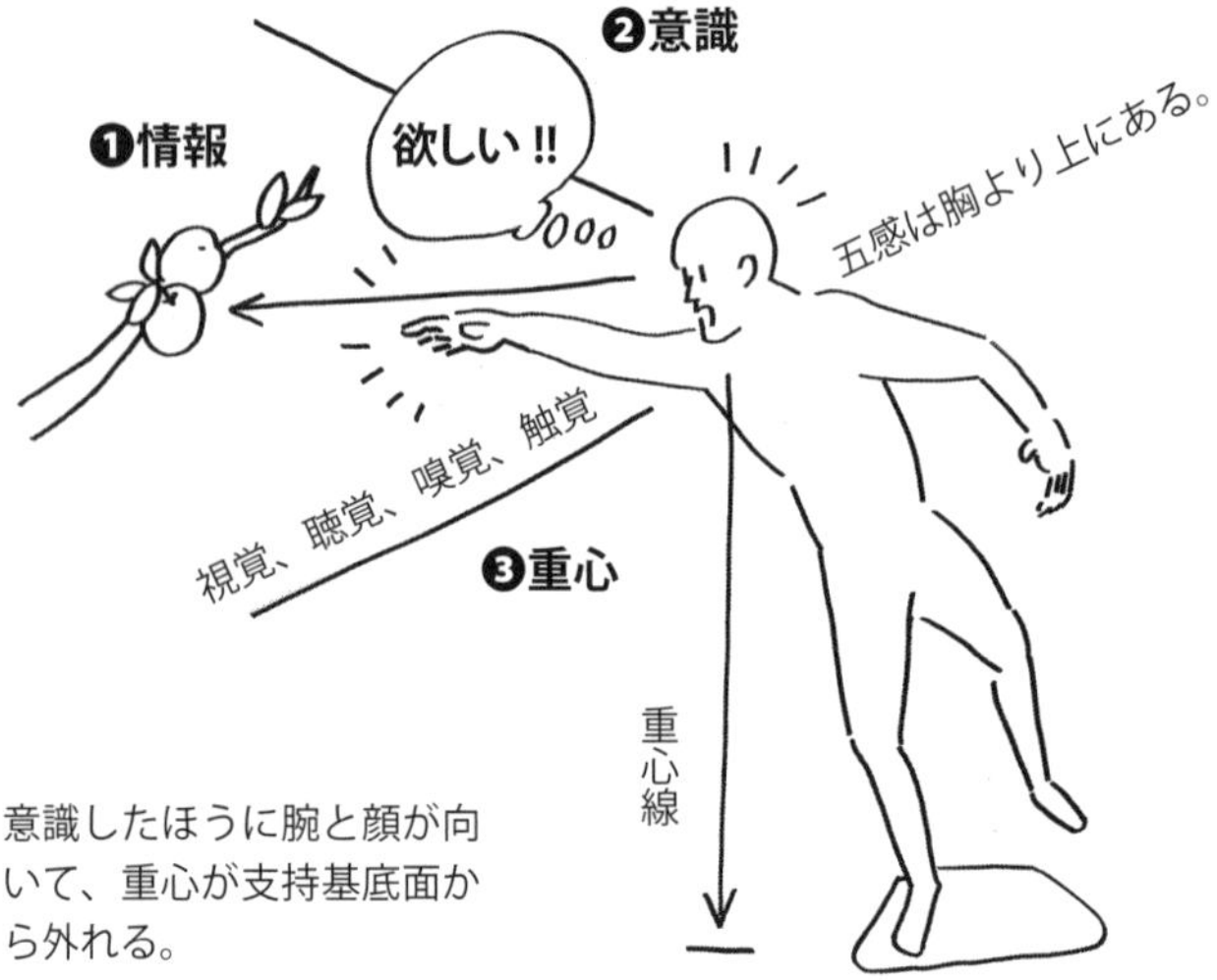

意識したほうに腕と顔が向いて、重心が支持基底面から外れる。

❶体重をかけるのではなく、相手を意識して指さすと、❷自分の重心線が相手に移動して重量感が伝わり、相手は崩れる。

方向に重心が偏り、スムーズに移動が始まります。

身体を運ぶだけの力や重さは、見た方向と意識する力で生まれます。実は、相手に身体を傾け体重を預けても、大きな力は生み出せません。預けたほうは相手に体重をかけている感覚があるだけです。「重み」というものは、相手に身体を預けるほど伝わらないものなのです。体の重さを相手に伝えるキモは、体重を預けないことです。

「重み」と「重さ」は同じではありません。「重さ」とは「おも差」であり、客観的な重量です。「重み」とは「おも身」であり、身体感覚上のものです。武術で使うのは「重さ」ではなく「重み」のほうです。体重をかけるのではなく、相手に重いという筋感覚を感じさせます。重量をかけていないのです。自分の重心線が相手に移動して重量感だけが伝わっています。

身体を預けても力が通らないのは、意識が自分のほうに向かうからです。人は身体を預けると、自分の身体を意識してしまいます。自分を意識しても重心は、自分の外に移動しません。意識が自分の身体の外に向くことで、重心移動が自然に起きるのです。貫く意識で突き込むと力が通るのは、体の外に意識を置くからです。

気は外に発散するものであり、行動は気の作用です。身体で押すより、相手を指さして、体重を預けずに手だけで押すのです。そうすると、自分の身体の代わりに相手の重心と身体が移動します。意識した方向に重心が移動し、相手の身体が運ばれます。

身体を傾けて重心が移り、身体が移動することは普通ではありません。それは不自然で、人工的な移動なのです。私たちは意識するところに重心が偏り、身体が傾き移動していくのです。

「身体操作→重心操作→意識操作」では不自然です。「意識操作→重心操作→身体操作」が自然なのです。

意識したところに重心と身体が運ばれるのであれば、私たちが取り組むことは決まっています。それを得るために、何をするかではなく、何を意識するかなのです。

弱者の答え 8

身重意ではなく、意重身でいこう。

大切（大事）にしよう。

意識するとは、重さを認識すること

意識するとはイメージすることではありません。頭に絵を描くことではないのです。欧米文化はビジョンを大切にする文化です。欧米の祈りとは絵であり、サウンドです。アジ

気を使うとは位置関係

「気をつける」とは位置関係の把握。点と点で線をつなぎ、地図を持つこと。

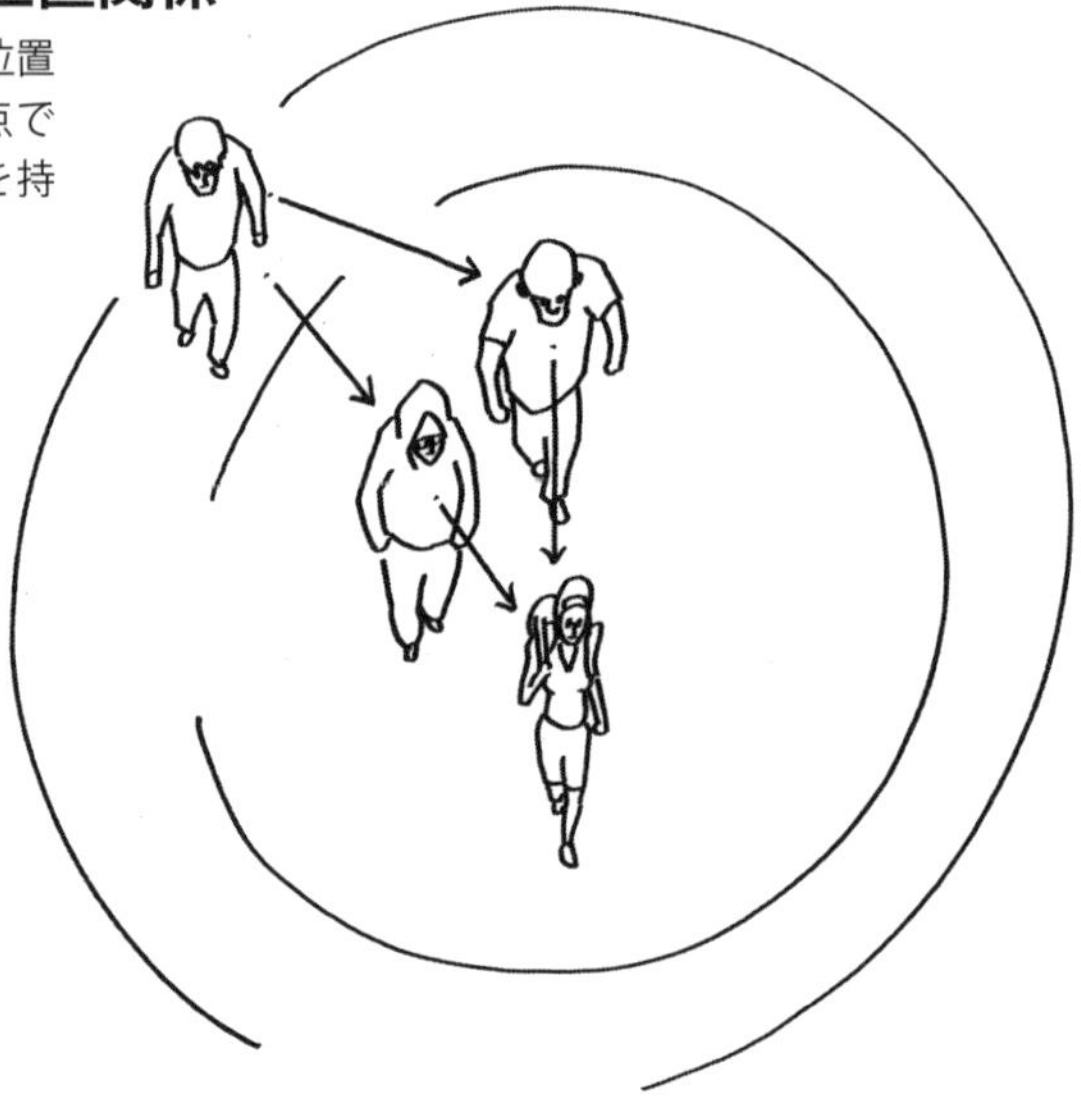

ア人は気とプラーナの文化です。気とは地図に旗を立てることです。アジア人の祈りとは位置であり、地図です。

気を使うということは、位置関係のことです。自分と相手の立ち位置を考えることが、気を使うということです。気を配るとは、相手のポジションを把握してあげることです。気にするとは、それを基に考えてあげるということです。自分と相手という点と点をつなぐことで、気という線を引くのです。マーカーで重要なところに線を引くのが、意識するということです。イメージするとは、教科書に落書きすることです。教科書に線を引くのが意識するということなのです。

地図に旗を立てるとは、そこに重要性を持

つということです。物事をありのままフラットに考えることは誰もできません。音楽の好みが同じではないのは、みんな偏っているからです。人は何かに重要性を持って、偏って生きています。物理宇宙という地図の中で、人それぞれの重要性で生きています。重要性とはこだわりであり、執着、依存、欲望、人間の本性です。人間の本性こそが、人の生き様です。何が正しくて間違っているかですら、その人の欲望の裏返しです。業こそ、美しく儚い生そのものです。それは決して軽く明るいものではありません。生きている生々しさとは、最もヘヴィでダークなのです。重要性とは「重み」があることであり、リアリティとはヘヴィさです。

「重要性」「貴重」「大事」に共通するのは重量感です。「重く受け止める」とは、軽くないのです。実は、動物が感じるリアリティとは「重さ」です。重さとは臨場感であり、生きている感覚なのです。この重いという感覚こそ「重み」です。人は、すべての事象に心理的な「重み」を感じて生きているのです。引力の作用で生まれた私たちは、物理的な「重さ」と心理的な「重み」で世界を評価、判断しています。生への実感やザラつき感は、重要性であり、重さというストレスです。

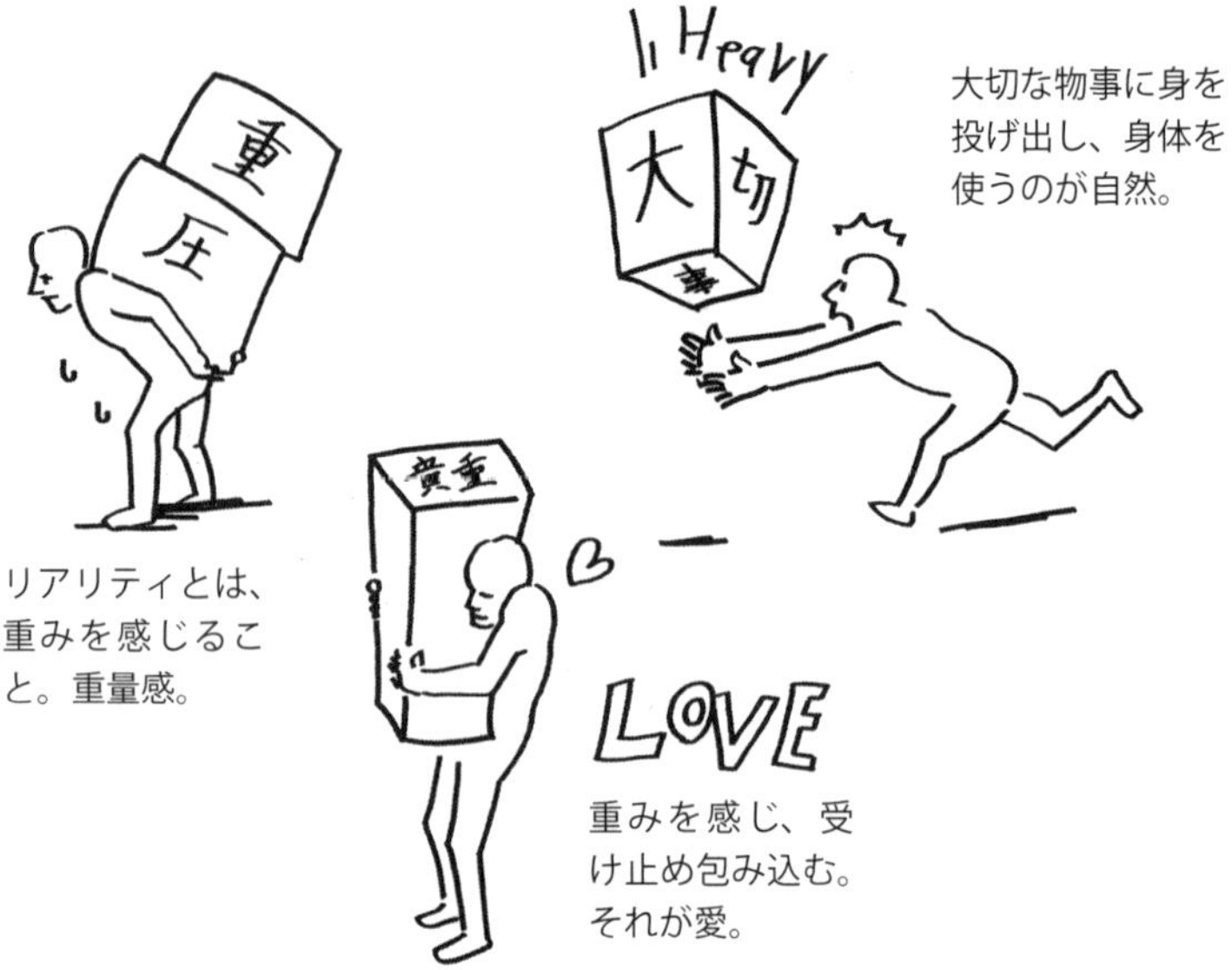

大切な物事に身を投げ出し、身体を使うのが自然。
リアリティとは、重みを感じること。重量感。
重みを感じ、受け止め包み込む。それが愛。

▼気を利用しよう

「気にする」とは、そこに重要性を持つということです。「気になる」とは、心理的に重みを感じているのです。文字通り、「比重を置く」ことです。世界に「軽い、重い」という重みを感じていることが偏りです。「気が重い、軽い」という感性はすべての生物に備わっています。心理的な重みを予測する能力のことを、気で感じると言うのです。

火事場の馬鹿力とは、重要性を持つことによって生まれる力です。この純粋でプリミティブな重要性のことを愛と呼びます。自分よりも優先できるほどの重要性が愛なのです。愛は重要で貴重ということそのものです。

16世紀のキリスト教では愛を説明できる言葉を探していました。当時の日本には現代でいう愛という概念がなかったのです。そこで御大切《ごたいせつ》という言葉で聖書を翻訳したのです。「愛している」では感じないのです。「大切にする」という言葉に感じるものがあるのが日本人です。

「気を置く」とは究極「愛」であり、大切に扱うことです。人生は何を大切にしているかで決まっていくのです。どう行動し、振る舞い、習慣化し、行動するかもです。愛をどこに向けるかです。

弱者の答え 9

重きを置こう。

愛したものが人生になる。

▼好きか嫌いかでは人生は変わらない

人はできたら楽で便利な生活を望みます。ところが人生を楽しむことは、それとは真逆です。ハードでストイックなほうに向かうのです。エンターテインメントとは、究極、孤独を楽しむ世界です。趣味が山ごもりレベルになっていくのです。

人とつながる喜び、自分が楽をする喜びはお子ちゃまです。お母さんがいて、抱っこしてもらって、友達にお呼ばれされて嬉しい。フォロワーが増えて大きなイベントに招待されて、接待されて嬉しいのです。職人の喜びは○○道です。空手道、そば道、カフェ道、プラモ道となると自分との戦いです。フォロワーも、ファンも、イベントもオマケです。山を登るほど、道を進むほど、終わらないとわかって登るのです。愛とは、道が終わらないと知っているのに進むことです。

理解されるためにやることでは幸せになれません。理解されないことだとわかってやることが愛という喜びです。愛するとは片思いなのです。誰にもわかってもらえない自分だけの喜びを持てるかです。私は武術と音楽と映画に片思い中です。今、書いている文章も、

❶ 汚いモノを扱う動きでは腰が引けて相手の下半身を崩せない。❷ 大切なものを、両手を添えて丁寧に床に置く動作で、下半身ごと崩せる。

報われるかわからないで書いているのです。

四苦八苦という仏教言葉があります。お釈迦様が悟ったことは苦しみは消えないということでした。ストレスは消えないという虚しさが悟りなのです。ストレスを選ぶこと、ストレスを受け止めやすく扱うことが修行です。迷ったら大変さを選ぶというのが愛であり、道です。

愛したもののために身体が動く。大切なことだから行動できる。重要なことだから、わざわざ出向く。それはとても純粋で自然な行為です。大切に扱うから、相手も警戒しません。愛があるから動けるし、愛の前には従うのです。大切な物事だから、勇気と忍耐でストレスと向き合えるのです。愛するとは見えないチカラの根源なのです。

弱者の答え 10

愛を利用して動き出そう。

忘我――自分を捨てて、相手になろう。

Chapter 3

相手を感じよう。

身体は、自分以外を感じるためのセンサーに使う

繊細さと感度の高さは、両刃の剣です。周りの状況を繊細に察知する反面、相手に影響を受けやすくなります。感覚を大切にするあまり、知覚過敏ぎみな人は少なくありません。感性が高くなるほど、周囲の鈍さや感受性の低さに気づくようになります。高い能力や繊細さを持つということは、それよりも劣る人が増えるのです。高い能力を手に入れておいて、周囲を「トロい」と言うのは辛辣です。

正論が鼻につくのは、正しさのみで他者を非難するときです。自分の経験や感覚だけが世の中の答えではありません。人の優先度はそれぞれ違います。何に重きを置くかで答えが変わり、人の数だけ答えがあるのです。経験から得た答えも、その人の答えでしかないのです。自分の物語の外に出て、他人の答えがやっと聞こえるのです。

身体が感じた世界は、感じている本人だけの現実かもしれないのです。自分が暑くても、相手は寒いかもしれません。自分の喉は潤っていても、相手はカラカラかもしれません。自分の感覚と相手の感覚が違っていることは自然なことです。同じ空間にいながら、人は違う美と欲望を持っています。

理解とは、自分の中に複数の他人の「感じ方」を用意できるかです。相手の身体感覚や相手の心理に「踏み込み、寄り添えるか」です。職業的な武術家になるとは究極スパイになることです。スパイが潜入するとき、個性は邪魔です。己を消して周りに溶け込み、身内以上の身内になっていくことです。

▼相手を感じるほうにフォーカスすると、自分が消えている感じがある

面接が緊張する理由は、自分の立ち振る舞いを気にするからです。面接官は、自分の評価を気にしないので緊張しません。緊張するとは、自分を観察している状態のことなのです。

逆に、緊張していないときほど自分のことを忘れます。夢中になって我を忘れて、自分

以外に集中した状態なのです。自分がちっぽけになって、周りしか見えないのです。面接官にどんな家族がいるのかと想像を巡らせると緊張はやわらぎます。相手の生活の中に入っていくことで自分を忘れていけるのです。周りから映る自分しか見えなくなると動けなくなります。見られる意識よりも、世界を見ている側になれるかです。自分を捨てて溶け込んでいくことこそが、自然体なのです。

感性とは、自分の身体を感じることではありません。相手を感じることが感性です。器とは、外部の情報を受け入れていくことです。自分の身体で感じないと情報がわからない人はまだそのレベルです。遠く離れた人のことをわかってあげようとすることです。心配する前に連絡を取ってあげることです。テレパシーは誰にでもできることです。相手の身体感覚になることです。共感力です。共感する能力とは、頑固な自分を一時的に捨てることなのです。

弱者の答え 11

察しよう。

相手になろう。

▼自分の身体感覚よりも、相手の身体感覚になっていくこと

芸術とはそれ以外でそれを表現することです。芸術とはポエムなのです。絵や詩、音楽、言葉など別の表現方法で真を残すのが芸術です。悟りとは体験ではなく、理解することです。

「和合」を和合の言葉のままでは理解できません。和合以外の表現から理解していくものなのです。師は和合という体験を与え、和合を「一つになる」「友だちになる」と表現します。師は常にポエムを通して真理を語ります。真理を説明するには、詩としてしか伝える方法がないのです。結局、芸術がわからなければ、師匠の口伝も意味がわかりません。悟りとは、詩心がない人は置いてきぼりなのです。

詩心とは分析とは違います。一歩進んで作者に歩み寄ることです。「相手と友だちになる」とは同意する「だよね」の関係です。「だよね」とは、同じベクトルで生きるということです。敵対する相手と同じベクトルをもつ「共感」こそ和合の正体です。

共感とは、相手の目と身体になることです。つまり相手の身体感覚になるのです。相手の感じている世界を一緒に観ることができるか。相手が寒いと思えば、エアコンの温度を変え、相手の喉が渇くタイミングで水を提供するのです。和合の体現とは、サービスの心得です。相手の抽象的な悩みに対して、どれだけ具体的に解決できるのか。究極、相手の身体になれるかなのです。相手の欲望を感じられるかです。

愛される人は他人の欲望が見え、心が見える人はその人の欲望になれるのです。人間の本質は、欲望です。夢とか目標とか、志は建前です。建前の向こうにある相手の欲望に触れることができるかです。その人になっていくとは、相手の欲望に入り込むことなのです。人は同じ欲望と、欲望のレベルで仲良くなっていくのです。

弱者の答え⑫

向こうの欲望になろう。

相手のサービスマンになる。

▼相手の気を汲み取った行動を取ればいい

日本社会では察することを要求されます。しかし日本人だって空気を読むことは難しいと思っています。日本語の空気とは「見えない流れ」という意味です。不可視なベクトルを気とか、勘とか、運と呼ぶのです。ただベクトルがどこに向いているのか予測するだけです。

風車は風のベクトルを教えています。風車をぼーっと見るのではなく、そこから風の向きを観ることです。そして、風もいろんなことを教えてくれるのです。風で傘がひっくり返るのは、風を察していないのです。帽子が飛んでいくのは、風を察していないのです。自転車が倒れるのは、察していません。ひっくり返してから対応してもいいのです。看板が倒れてから、対応してもいいのです。でも、察して動いておけばしなくていいのです。

流れに「合わせる」のと、流れを「読む」のは違います。流れを読んでいない人が、流れに合わせるのが一番難しいのです。

小学生の高学年の頃、親のすすめで右脳教育を少しやりました。本の速読を主体に学習する教室でした。速読とは予測の技術です。表紙、タイトル、イラスト、全体の雰囲気から、内容を予測していきます。わからないままでも、気にせずドンドン読み進めていいのです。進むほどインプットした情報が増えていくので、ある段階に進むとどういう内容なのか予測が立ってきます。前半に読み進めてもわからなかった内容も、後半で後から一気に理解できてしまうのです。

ハリウッド映画は、逆再生しても、早回しでも、チャプターを一つずつ飛ばしても予測が立って理解できてしまいます。早回しで2回観るともっと理解できます。知っているジャンルだとさらに早いのです。2時間で映画を1本観るよりも、早回しで3回観たほうが、観るほどに理解し、感動できてしまうのが人間の脳のすごさです。

脳が物理的速度でしか対応できないと思う人は精神を甘く見ています。21世紀の私たちは人間というより超人です。モノでも、人でも予測して動いたほうが早いです。確認する前に予測で動いてしまうのです。

もちろん予測で動いても失敗はします。この予測で動いて失敗する経験が生きてくるのです。予測で動いて失敗する率を減らすことで勘が育つのです。勘が大失敗を防ぐのです。大失敗がなければ生きていけます。

▼水がほしいと言われる前に水を用意できる、気配りの達人

ビジネスで成功する方法は一つです。相手より先に答えを出してあげることです。相手に「水をください」と言われる前に、水を勝手に交換するのです。「お注ぎしましょうか」と聞いてはいけません。相手の欲望を、相手より先に実現する人が成功する人です。確認が必要というレベルでは成功できません。おせっかいの達人が成功するということです。

許可を取っているうちに、誰かが先に結果を出してしまいます。許可を取らずに行動し、結果を次々と出していくのです。

相手の代わりに相手の欲望を叶えてあげる人が先に行くのです。求めているだけで、ま

❶「掴ませまい」とすれば相手は居着かない。❷サービスとして掴みやすくしてあげると、相手は握りすぎて自らを固め、身動きできなくなる。

だ出ていない答えがあります。その答えを与える側になれるかです。相手の手足、身体になって動くのです。相手の頭を使わせないということです。相手に身体を使わせないということです。相手に運動をさせないということです。相手の意識の具体的な体現として動くということです。相手が何も考えずにあなた任せになったら、相手の身も心もあなたのものです。結果的に、相手を廃人にさせるのです。

一流の付き人、一流の奴隷です。一流の付き人、一流の奴隷になれたら成功します。相手はあなたが提案したことを受け入れます。具体的な答えを出す人だけがリーダーになります。相手の見えていない欲望と、その答えの体現ができる人は成功できます。問題を浮き彫りにしても成功しません。人のあらを探しても成功しません。その人を助けることのできる答えを持ち、その答えを提供する側にまわったときにリーダーとして成功できるのです。

弱者の答え 13

リーダーになろう。

相手の欲望に上乗せする。

まず相手の欲望を満たしてから、自分の動きを取り入れたらいい

ほとんどの人は受け流すことがわかっていません。よけ流すことが得意だったり、遠ざけることが得意なのです。相手をかわすとは、自分の仲間にも加えていません。相手がお荷物だとわかっているので、受け入れられないのです。

受け止められない理由は、面倒なことになると知っているからです。人と関わっていくということは、互いの「面倒」をみていくことです。ノンストレスなコミュニケーションなど、そもそもないのです。厄介事こそが、コミュニケーションの正体です。それは摩擦という心地よいストレスであり、そのすり合わせです。相手を受け止めることとは、煩わしいことなのです。

「思い」は「重い」です。より「濃い」相手への想いを「恋」といいます。愛は恋より

もさらに重く尊い行動です。相手という「重み」を受け止めるのもまた愛という行動です。愛するとは、重く受け止めることなのです。愛し方とは、受け止め方です。争いは、ぶつかり遠ざけていく行為です。ぶつかり受け止め、混ざり合って溶け合うのが愛のゴールです。

喧嘩をする理由は、相手と友達になるための手段の一つです。世界を一つにまとめたくて戦いが始まります。勝った側は、負けた相手を仲間にして養うことで終わらせるのです。負けた相手をいつまでも除け者にするとクーデターが起こります。勝っても友達だし、負けても目指すのが友達ならセーフです。喧嘩とは許し合うためにするものです。和合をゴールにしなければ戦争は永遠に終わりません。

護身術では、相手からいかに離れることができるかを考えてしまいます。例えば掴まれると、まず相手の掌が離れるように工夫したくなります。欲しがっている相手の欲望を否定し、逆に自分は相手を倒す行動をとる。相手の言い分を遮断して自分の意見を無理やり通そうとする様と同じです。

より速く大きな威力で相手をコントロールするのはレイプです。レイプではなく、サービスをすることです。サービスとは相手の欲望のさらに上を提供することです。

相手の欲望を体現する

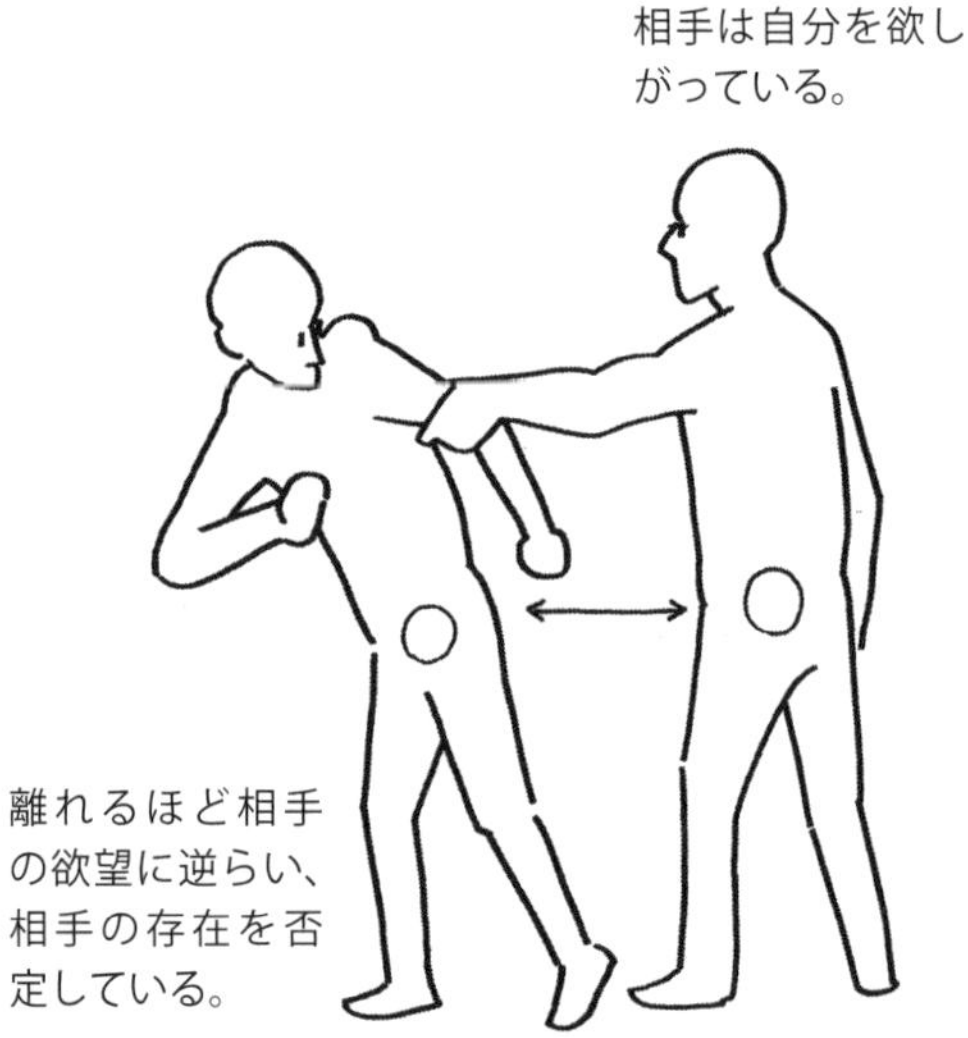
相手は自分を欲しがっている。
離れるほど相手の欲望に逆らい、相手の存在を否定している。

相手に近づき、与え、からみつき、相手と一つになる。

相手が手首を掴んだら、もっと握ってもらうにはどうすればいいか。相手にもっと全身のチカラを使って握ってもらおうと工夫することです。想定外のサービスを受けた相手は、全身を固めて握ることで身動きがとれなくなってしまうのです。握ることに身体が集中することで他のことができません。固まっている相手を介助するように優しくコントロール

するのです。相手が「勝った！」と思うことを提供することです。相手の欲望が見えない人はビジネスでも成功できません。負けたほうがメリットがあれば、負けてくれます。奪うより与えたほうが、負けてくれるのです。

弱者の答え 14

試食で相手を満腹にさせよう。

❶手首を掴んでくる相手から離れようとするのではなく、❷自らその手を与え近づき、相手と一体になって優しくコントロールしていく。

弱者は自分の話をする。

自然とは「私たち」と呼んだとき

初学のときというのは言い訳が出てしまいます。「これまで学んできた癖が出てしまう」と言うのです。「つい空手の癖が」「つい合気道の癖が」「今までやったことがない」も同じです。染み付いた過去は簡単には手放せないという宣言です。

そもそも癖とは自然なものではありません。癖も個性も、自然体ではないからです。自然体とは個性や癖を捨てた存在のことです。自分を捨てるまでは、何もインプットできないのです。

「私」より「私たち」と呼ぶことが、自然に近いのです。日本人よりも地球人として考えられるかです。自分の一生よりも、人類史を生きていると考えられるかです。自分を外に外に広げていくことが許容です。

引きこもりは、自分以外に染まりたくない人です。騙されたくない、コントロールされたくないと思っています。外に出るには「世の中に汚染されたい」「この人とこの力に染まりたい」というこだわりを捨てた恋心が必要なのです。

自分にこだわるとは弱さです。一つにこだわるとは弱点です。「私は」という思考は、チカラとして弱いのです。「私たちは」という言葉で考えたときに世の中に役立つ力が生まれ、人が味方になるのです。

感覚や体験で説明する怖さは、それが本質的ではないからです。感覚や体験という情報を、いかに感覚以外で説明できるかが本質です。トマトを説明するときに、食べたらわかるというのは怠慢です。食べたらわかるという世界が、体験主義、経験主義となります。お笑いでも音楽でも、政治の世界でも同じです。経験の量、体験の量では若い人が出ていけません。神様は経験を超えることを望んでいます。科学と数学は経験（時間）を超えるためにあるのです。

多くの人は自分がいかに上達できるかを考えます。自分が達人になるにはどうしたらいいのかと考えています。世の中を変える人は違います。どうやったら世の中は良くなるかと考えます。

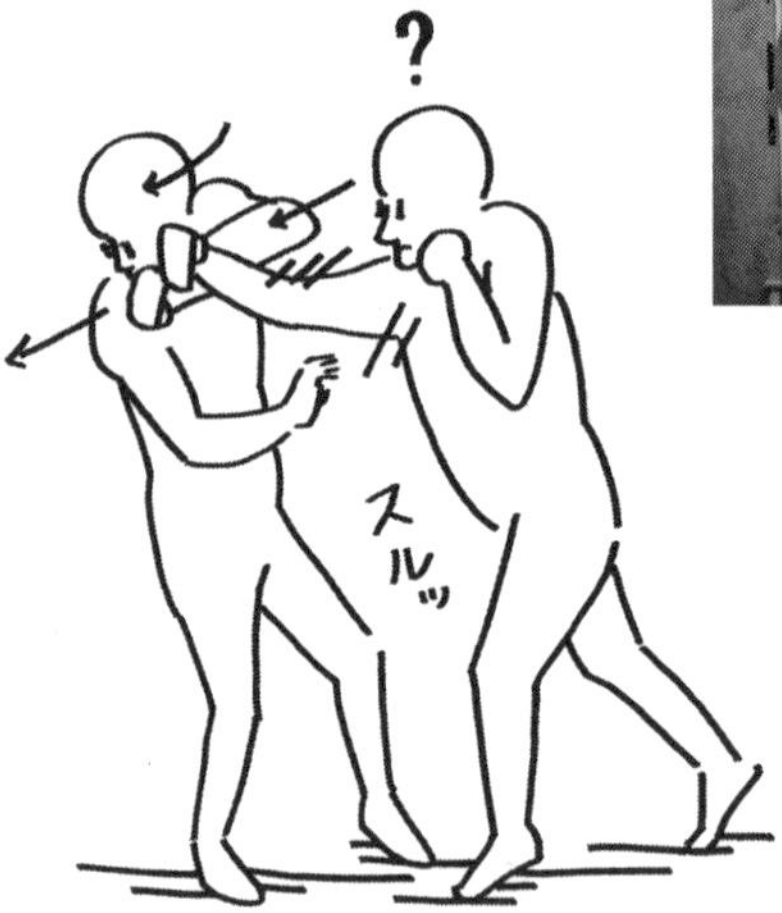

自分で自分の顔を殴る動きが、
そのままサバキとなる。

私は母親が一瞬で達人になるにはどうしたらいいかを考えています。自分より弱い人が助かるにはどうしたらいいかを考えることです。相手の動きがわかるレベルでは遅いのです。相手になってしまうことです。

弱者の答え 15

無になるより、周りを自分に加えよう。

Chapter 4

猫背——カービーでいこう。

「気をつけ」は緊張姿勢。

「良い姿勢が自然体」ではない

良い姿勢とは、長く続かない姿勢です。背すじを伸ばす姿勢では、疲れるのです。「キープできないのは体幹が弱いから」と言う人もいます。そこで体幹を鍛えるトレーニングを取り入れる人もいます。しかし、自然体を手に入れるために、体幹トレーニングが必要とは不自然です。長く続かないのは、それが不自然なのです。

背すじを伸ばした良い姿勢とは「気をつけ」のことです。この「気をつけ」は軍隊姿勢です。シャキッとさせるとは、リラックスではありません。興奮し覚醒させる交感神経優位の姿勢です。軍隊姿勢はリラックスさせない緊張させる姿勢なのです。緊張姿勢で脱力しようと試みても無理なことです。アクセルを踏みつつ、ブレーキもかけているのです。

脱力する方法は、脱力することではありません。姿勢を変えればいいのです。「気をつけ」

崩れて砕けているのがリラックス

背骨から大腿骨、つま先
まで一直線上の交感神経
を刺激する緊張姿勢では、
そもそも脱力できない。

崩れた姿勢、
気だるい所作に
クールがある。

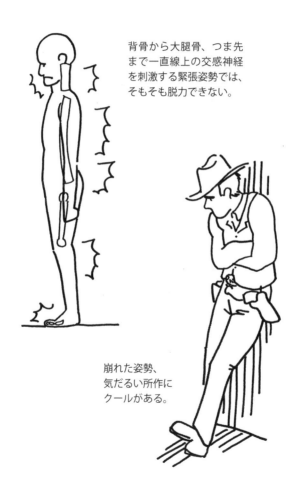

というブレーキを外すのです。凛とした姿勢では、そもそも脱力が難しいからです。だらしない姿勢がリラックスのコツです。一度ビシッとして、ダラッとやるだけでいいのです。

脱力を感じる必要はありません。リラックスは、姿勢を「崩す」ことなのです。崩れて、砕けた姿こそリラックスです。映画の中でガンマンは着の身着のまま地面に横になります。壁や椅子にゆったりと寄りかかりセリフをつぶやきます。浮世絵美人にも、猫背しかいません。クールとは、緊張していません。姿勢を崩していて、気だるいのです。

背骨は真っ直ぐではなく、全体でS字カーブがあるのです。硬い骨にも、真っ直ぐなパーツは一つもありません。自然界の美しさとは究極「曲線美」なのです。自然の美しさとは、真っ直ぐにならない、真っ直ぐにできない規律にあります。曲がることで引力に向かうインビジブルな方向性を感じているのです。引力すら本当は曲がっています。物理宇宙は語っています。この世に真っ直ぐはいらないと。

弱者の答え
16

神様の設計図に任せて、猫背にしよう。

原始人のススメ「ダラッと」は脱力姿勢。

▼脱力より余裕

武術の極意は究極、脱力です。ところが、なかなか体現できないものです。「脱力は難しい」という言葉も口に出ます。「難しい」という言葉では、もう脱力感がありません。現代の日本人に足りないものは脱力ではなく、まずリラックスです。リラックスとは遊びと余裕です。日本人の感覚だと許容のことです。間《ま》という言葉があります。これは、スペース（余裕）を大切にする概念です。間に合っている感です。余裕、余白、未完を大切にしていくということです。

肚《はら》は立てずに据えるものです。腰や首は起こすものではありません。日本では腰も首も据わらせます。据わるとは、座るです。座るとは余裕があるのです。落ち着くためにドカっと腰をおろすのです。リラックスとは、各部位がダラッとドカッとやるのです。座高の高

日本人は据わる文化

引力に任せて、肚も腰も首も据わらせるのが日本文化。
座高が低く、体をコンパクトに折りたたむ姿は、トップアスリートのロッカールームやベンチでも見られる光景。

い姿勢で座ると背骨を圧迫します。昔の人は、腰もお腹も丸め、内臓圧迫の姿勢をとりました。しゃがむ、くぐる、据えるが日本文化です。身体をたたみ、座高が低い、美を生きるのです。

▼原始人の姿勢は、カッコイイ姿勢

背骨を真っ直ぐに膝を曲げた姿勢は緊張姿勢です。真っ直ぐな背中は不自然です。脊柱は生理的湾曲として後ろに猫背型に膨らんでいます。真っ直ぐでは衝撃分散できず、膝腰への負担が増えます。高齢者は背中の代償行為で膝と股関節が曲がっているのです。背中のリラックスは猫背姿勢をとればいいのです。背中の大きな原始人の姿勢です。原始人の姿勢はかっこ悪い姿勢ではありません。ターザンの

姿勢です。ターザンは野性の王で貴族の血も持つジェントルマンです。

古今東西、ヒーローは顔が前に突き出た猫背です。ジェームズ・ボンドもバットマンも背中が大きい。スティーブ・マックイーンもジェームズ・ディーンも丸いのです。ビル・ゲイツ、ジョーダン、マイケル・ジャクソン。レジェンドは猫背しかいません。野性の躍動感はカーブです。

『野獣暁に死す』というイタリア映画があります。監督はイタリア人で、俳優もスタッフもイタリア人とアメリカ人。しかし、ダントツにかっこいい猫背で歩く俳優が日本人なのです。敵役として出演した仲代達矢さんです。仲代さんは、悪の親分役で登場するなり主役を食うのです。イタリア人より広い背中で洋装を着こなす仲代さんにしびれます。この仲代達矢さんを観るためだけでも『野獣暁に死す』は鑑賞する価値があります。

弱者の答え 17

知性と野性の共存するターザンの背中を持とう。

背筋で頑張らない。腹筋で頑張る。屈筋優位姿勢。

頑張ることは悪くない。頑張り方が間違っている

リラックスすることは、頑張らないことではありません。「頑張らなくていい」という言葉は聞こえがいいですが、難しいのです。「何もするな」では「じゃあ何をすればいいんだ」と言いたくなります。好きなことだったら、頑張ってもいいのです。ただし、やみくもに頑張っても力尽きるかもしれません。「力尽きない」頑張り方と方向があるのです。

猫背をすすめる理由は、背中が頑張る部門ではないからです。背中で身体を支えると緊張して頑張りすぎてしまいます。背骨と脊柱起立筋は身体を支える部位ではありません。脊柱や肋骨は関節の集まりでグラグラです。背骨は身体を曲げるためにあるのです。骨格標本は、それ自体では自立できません。背骨では立つことができないということです。背

背中で頑張ってはいけない。腹で頑張る

ナメクジが立って、
鎧を背負っている。

中で無理に身体を支えると、背骨を曲げる仕事はできません。曲げたければ、背骨と背中の筋肉をオフにします。猫背になって背中で立つのをやめればいいのです。

人間の身体は、ナメクジが骨という鎧を背負って立ち上がった姿なのです。骨のない身体はナメクジ状態です。鎧が動いているのではありません。ナメクジが鎧を動かしています。ヒルのような内臓と筋肉がうねり、背骨という屋根を動かしています。鎧を取れば、人間はゲル状の塊です。ヒル状の筋肉が集まり、人型になっているのです。舌〜腹筋という腹側のナメクジが伸縮して頑張るのです。

欧米の狩猟民族は、伸ばす姿勢を優位的に使います。伸ばす狩猟民族は伸筋優位です。伸筋とは背中の筋肉のことです。実は背中

天から背中で放る
狩猟民族。

を伸ばすとは、気をつけの反対で丸めることです。狩猟民族は背中を丸め、背中を伸ばす力で槍を放るのです。反対に、日本人は屈む姿勢を優位的に利用する農耕民族です。農耕民族は屈筋優位で、背骨と背中をメインには使いません。腹筋を屈曲させ、鍬を奥から手前に振り下ろします。

屈筋とはお腹側の筋肉です。腹筋を潰す、もしくはたたむのです。ジャケットの国は背中を使います。着物の国はお腹を使う文化です。肚を据わらせるとは運動でもあるのです。

伸筋優位の欧米人は、背中側の筋肉と背骨と股関節に走る腸腰筋が発達しています。日本人は、これら懐にある筋肉（インナーマッスル）と体幹（コア）を太くすることで欧米

日本人は屈筋優位、アウターマッスル優位

地からお腹で引き込む
農耕民族。

弱者の答え 18

コアを潰すくらい脱力しよう。

人化しようとするのです。日本人は深部と中心を膨らませ発達させる必要はありません。

コア（核）をなくす動きこそが本来の日本人の身体です。肚を割って話すという言葉は、普段は肚を隠す文化なのです。臍を見せない美意識が昔の日本人です。臍をしまうように屈み、頭を垂れて礼をして腹の筋肉とお尻の筋肉を凹ましていました。引力を利用し、上半身の荷重で腹筋と大殿筋をたたむ屈筋を使った骨盤後傾位です。侍だけでは、ありません。農民も商人も肚と腰の文化なのです。

肚、腰、首の「据える、入れる」は骨を倒せばよい。

▼首を倒して、巻き肩にしてもいい

浮世絵を見れば、昔の日本人はかなり脱力姿勢です。ダラッとクタッと姿勢が崩れ、はんなりしています。まず、首がくたびれて顔が前にあります。首が倒れて顔だけ起きています。首が据わるとはこのことです。

顔の中には首の骨が3本埋まっています。上顎から下顎にかけて背骨が後ろに並んでいるのです。頭の下に生えている首とは、残りの半分なのです。馬は、頭が重くて首が凝ることはありません。顔の中の背骨だけがちょっと起きてれば充分です。身体の前に首を出せない人が股関節から前傾になって背中を痛めるのです。アゴを引く代わりに、首を前に倒してうなじを伸ばします。品のある会釈の首です。

脱力下手は、背中を丸く猫背にできません。まん丸にできない人は、転ぶときに怪我をします。疲れやすい人も背中が平らすぎる「緊張しい」な人です。息も浅く、肋骨が四角ばって薄く平らです。まず、肩をすくめるような姿勢をとります。肩を前に巻き込み、肋骨の両脇を上腕で挟み、左右から肋骨を潰します。これを脇を閉めると言います。肋骨を左右で押し込んでラグビー型に整えることで、肺は正常な動きを取り戻します。

▼お腹を潰して、骨盤後傾でいい

足を組むと楽に座れるのは、骨盤が後傾するからです。骨盤が後傾すると内臓が骨盤の中に収まります。しかし、腰椎が前に反っているとそのままでも背中が緊張します。そこで、腹筋を前に屈め、腰椎を前傾させます。腰を丸めないようにしている人ほど腰痛持ちです。骨盤後傾し腰椎が前傾することで、内臓が圧迫されます。そのことで腹圧が高まり、腰や背中の負担が消えます。内臓の圧迫が姿勢に良くないというのは勘違いです。内臓圧迫は、整体でもエステやマッサージでも行います。内臓の持続圧は良いことで、素人の関節の圧迫がまずいのです。足を組んで前屈みになることで肚と腰を練る（寝る）のです。

❶腰痛になるタイプの人は、股関節から前傾をとり、背中を反らして上体を上げる姿勢をよくとる。❷まず腰を丸めて首を倒す。肚の据わった「巻き肩・猫背」の脱力姿勢であれば、身体への負担は大幅に軽減される。

腰が痛い人は、肩甲骨を寄せます。腕が背中側にぶら下がり、お腹が伸びて腰が反るのです。

猫背で肩甲骨を離して、肋骨にもたれかけます。肋骨と背骨は、肺と心臓に寄りかかります。仙骨より上の骨は内臓と筋肉に寄りかかればいいのです。背中が痛い人は骨で立たないことです。骨の重さで内臓を圧迫し、圧迫した内臓を骨盤という皿で受け止めます。内臓圧迫で胴を短くすれば、脚長効果も出ます。

▼腰を入れるとは股関節の話

股関節の柔軟性とは質感であり、可動域ではありません。トップアスリートほど柔軟体操や体幹トレーニングが不得意です。黒人アスリートは、股関節も足首も固くて腹筋運動も苦手な人が多いです。代わりに大腿四頭筋がよく働くことで膝裏の筋肉が使え、股関節を伸ばす力が強いのです。股関節を伸ばさない姿勢をとる人は、体格が四角ばっています。股関節を前に押し出すとお尻が凹みます。腰を入れるとは、股関節を前に押し出し鼠径部を伸ばす動作です。武道の腰の説明を英語ではHIPと伝えるのです。

弱者の答え 19

リラックスして、骨を前に預けよう。

ごめんなさいではなく、ありがとうの生き方。

▼日本人の尊敬の姿勢

お辞儀とは謝罪ではなく、リスペクトです。「あなたに敵意はない」という表現です。これは動物が目を意図的にそらせるのと同じです。目線を外すとは争いを防ぐ言語なのです。

ただし、顔を下に向けるのと、横に向けるのでは意味が変わります。イエスのときは頭を下げ、ノーのときは横に向けるのです。下向きは相手への関心、横向きは相手への否定のメッセージです。「臍を曲げる」とは臍を相手からそらす「拒絶」の体言語です。顔だけでなく、臍ごとつながりを断つ行為です。反対に、お辞儀は相手と臍をつないでいきます。臍を向けなければお辞儀ではないのです。頭と臍でエナジーを吸い込むのです。

お辞儀の反対はふんぞり返ることです。海外では目をそらさないこともリスペクトです。

ふんぞり返ることが悪いのではありません。見下ろすくらいふんぞり返って臍を向け、そこから頭を差し出すのです。いただきますの姿勢です。

いただき物には感謝が含まれています。頭部より高い「頂き」に食物を掲げ、感謝の表現をしたのが起源です。手を上に上げて、天に顔も臍も開きます。そこから手を掲げたまま、頭を下げ下を向く、降伏宣言です。リスペクトは自分の負けでいいのです。負ける喜びが理解できないと感謝の幸せは感じないのです。

弱者の答え 20

感謝と敬意を体現して楽して生きよう。

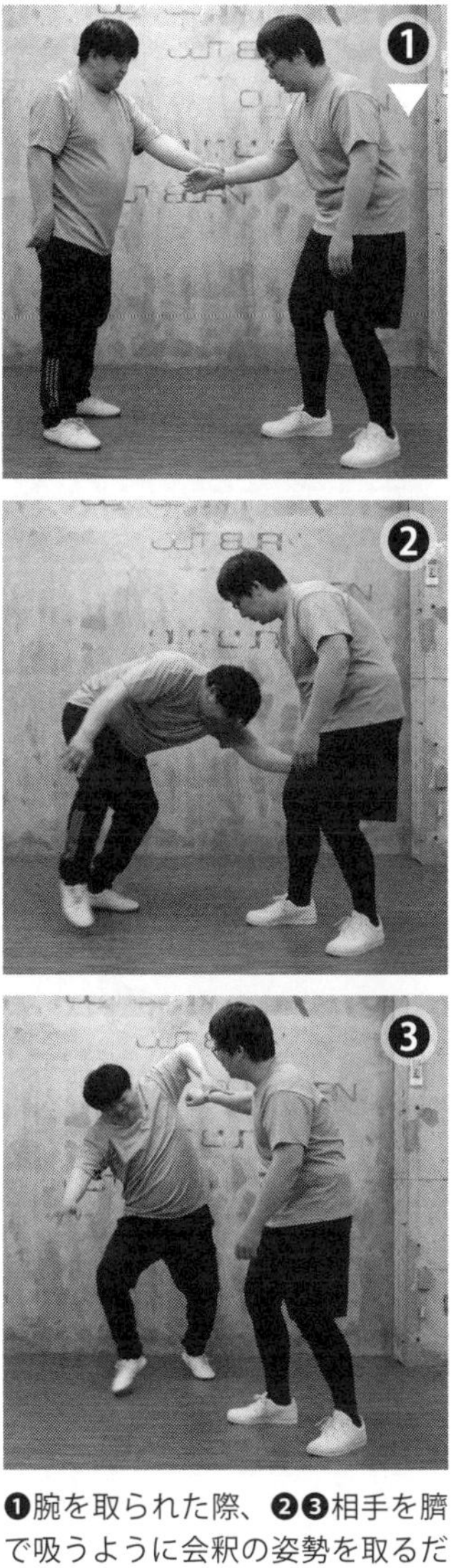

❶腕を取られた際、❷❸相手を臍で吸うように会釈の姿勢を取るだけで、相手を崩すほどの大きな力が生み出せる。

YSPCが提案しているコアをなくす自然体

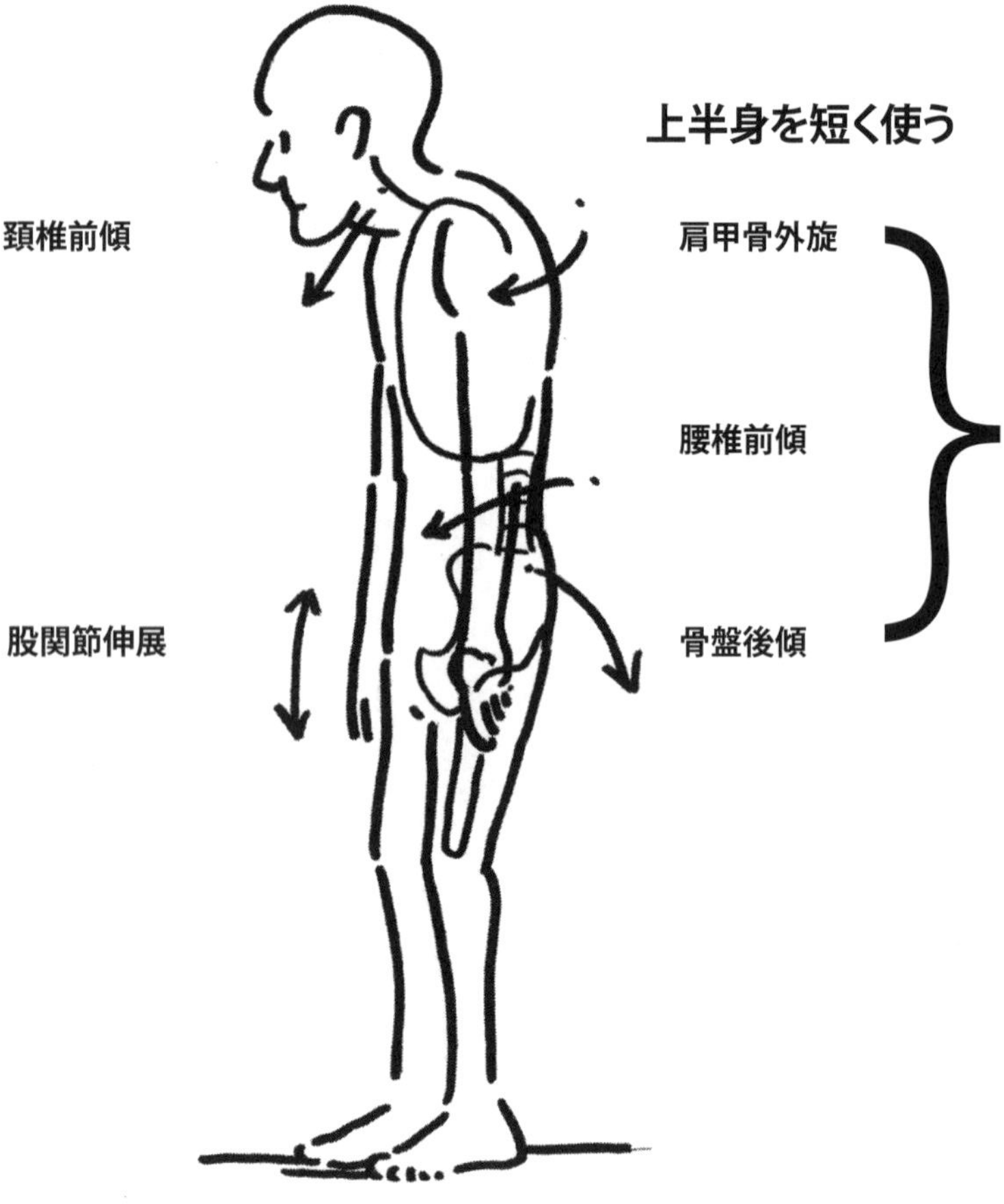

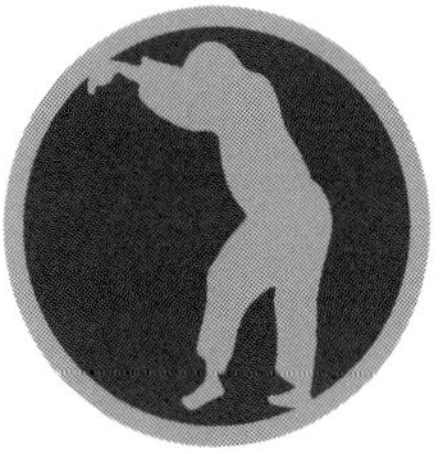

Chapter 5

ガンプラ立ちー軸を捨てて箱状に立てばいい。

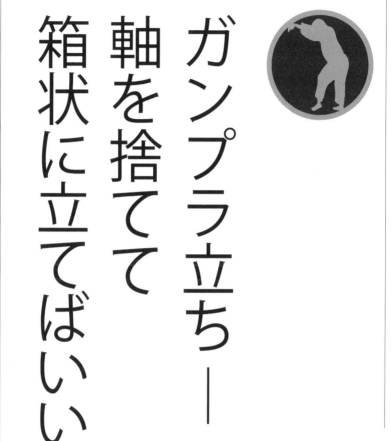

法隆寺五重塔は、柱で支えていない。

▼箱の積み重ねだけで、柱で支えない耐震構造がある

法隆寺の五重塔は1300年前から日本にある建築物です。過去の大震災でも崩れなかった驚異的な耐震構造をもっています。この五重塔ですが、実は柱では支えてはいません。重箱のように箱が五つ積み重なっているだけで建っています。五重塔の真ん中には心柱と呼ばれる大きな柱が存在しますが、この心柱は家屋の大黒柱とは違い、塔を支える役割がありません。吊っているだけで建物に触れていない柱なのです。

塔は真ん中が吹き抜けになっていて、筒状です。だるま落としを積み重ねてハンマーを頭から差し込むのと同じです。この差し込んだ長いハンマーを五重塔では心柱と呼びます。心柱は下から四つ目の部屋（4階）から鎖で吊るされているだけです。ぶら下がっているだけで、実は1階の床にも接触していません。柱で支えないことで揺れに負けない構造を

柱はぶらさがっているだけで開放されている

人体は五重塔構造。筋肉という箱の積み重ねで立っている。背骨は胸肩を中心にぶら下がっている。脛の骨も土踏まずから浮いている。

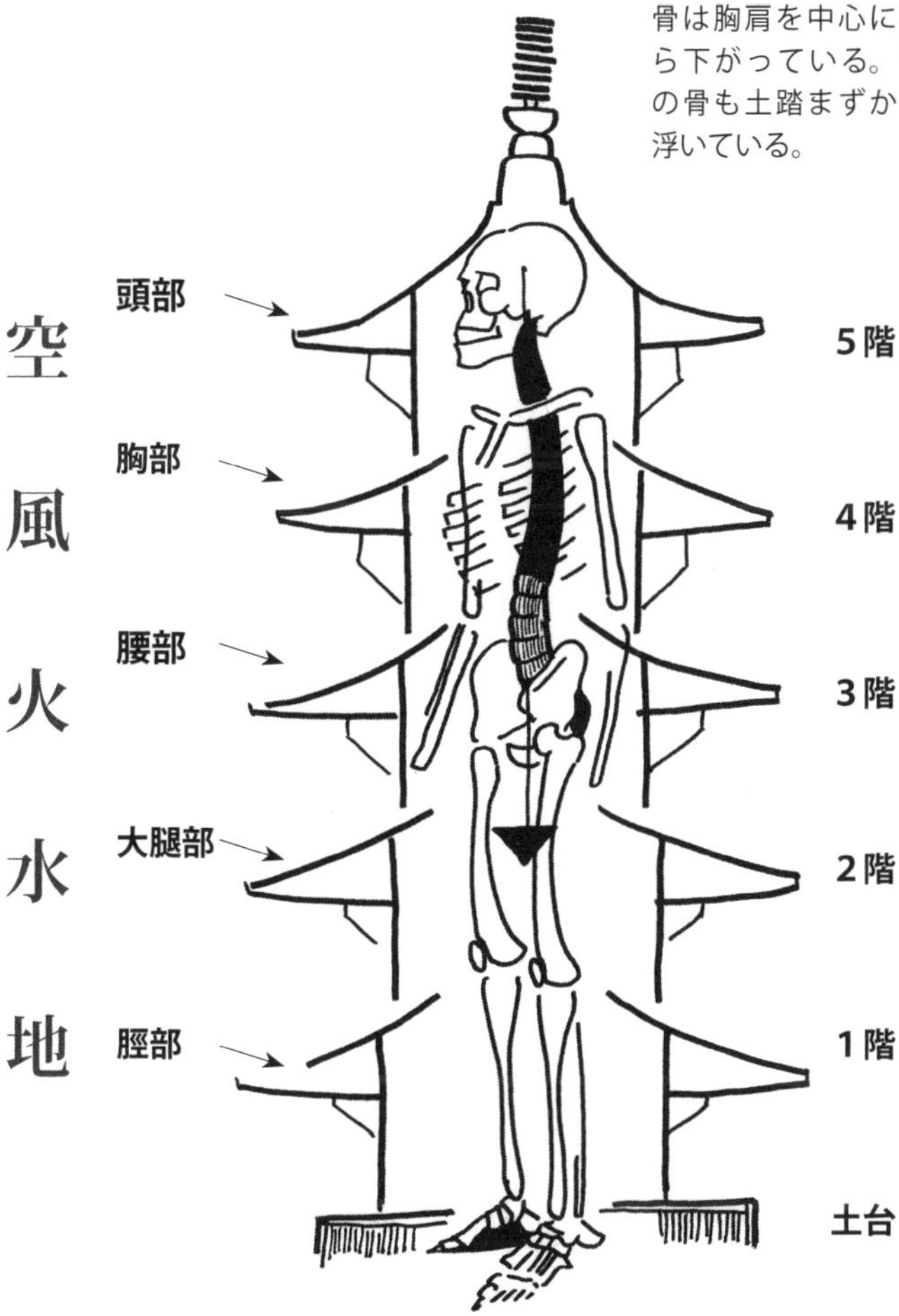

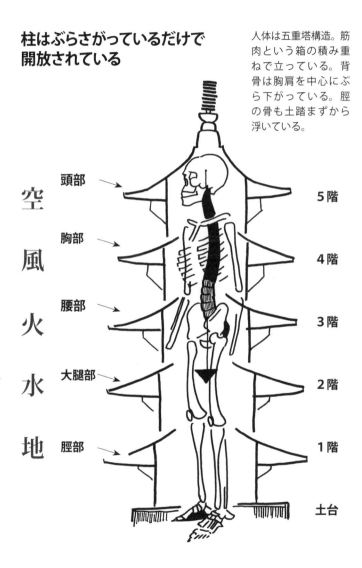

手に入れているのです。

五重塔の中でぶら下がった心柱は振り子の役割をもちます。建物が揺れると、心柱は揺れと逆方向に働くことでほとんど動きません。制震ダンパーとしての役割が真ん中にぶら下がる柱の役割なのです。

実は直立する人の背骨の役割はこの心柱に近いです。箱の積み重ねで立ち、背骨という垂れ下がるダンパーで揺れを防ぐのです。不思議なことに塔は、二重でも三重でも四重でも倒壊しやすいのです。塔は五重建てで4階部分から柱が吊るされると揺れに強くなります。人間も足を土台に脛、太腿、腰、胸、頭の5階建て構造です。人の背骨は4階にある肋骨にぶら下がっているのです。

背骨は身体を支えるようにはできていません。止まっているときも、動作の中でも、背骨はどんなときも垂れています。五重塔の心柱と同じで、背骨は床に接触していません。背骨の中にあるのは神経です。神聖な心柱と同じ位置づけです。背骨の中には神聖がいて、塔の中で龍神は宙に浮いているのです。

神様は地上に降りないのです。神様に寄りかからないことです。寄りかからなければ龍神様が衝撃を吸収してくれるのです。

弱者の答え 21

背骨に住まう神様を手放そう。

体軸はいらない。プラモデルのように立てばいい。

▼プラモデルは柱ではなく構造体で立っている

爪楊枝はそれ自身で自立することができません。立つためには地面に刺すしかありません。しかし、たくさんの本数をテープで束ねておけば自立します。束ねるよりも、専用のケースに束ごと立てる方法もあります。いずれにせよ、なにか利用することでしか立てられません。中身というのは立たないし、軸というのは自立できないのです。

コップや瓶のようなものは、それ自身で立つ力があります。それは中身がなくてもフチで立つという現実です。爪楊枝のケースは、爪楊枝がなくても立っていられるのです。プラモデルは中身が空っぽでも二足で直立できています。中身でなく外側で立つことが、努力のいらない立ち方なのです。力学でいうポテンシャルエネルギーだけで立てるのです。

人間はガンプラと同じように立てばいいのです。ガンダムのプラモデルや五重塔と同じように箱の積み重ねで立つのです。ガンダムは箱状のデザインです。足場はコップを逆さにしたようなものの積み重ねです。アクションフィギュアでも立たせるのは同じ要領です。前に倒れるのを防ぐ目的ではつま先を利用します。つま先をストッパーに前転を防ぎ、腕を前に出して後転を防ぎます。

▼上級者は足に重りを入れる。プラモは肩を上げると自然になる

私が子供の頃、ガンプラを自分なりに塗装して近所のおもちゃ屋さんに持っていくとガラスケースでディスプレイしてくれるのです。ディスプレイされるのは臨場感のある塗装ができる凄腕の人だけです。その頃のおもちゃ屋さんは遊び人のお兄さんのサロンのような感じでした。小学生の私のプラモの師匠は、ヘルズ・エンジェルスのような格好でボロ

上虚下実

プラモデルは空洞構造で、ポテンシャルエナジーだけで立っている。構造体で立つのは、力を使わない立ち方。軸や中心とは、中空構造の「空」。

昭和の子供の遊び「ぽっくり」の要領で、空き缶の縁で立っているイメージ。

の革帽子をかぶった若い人でした。子供は、そこに飾ってもらうことでプラモ道の大人扱いされるのです。私は飾ってもらえるように塗装を研究し、タミヤの塗料をそのおもちゃ屋さんでたくさん購入していました。

ガンプラを上手く（かっこよく）立たせるコツは、重量感です。そのために空っぽのガンプラの足の中に重りを仕込むのです。重りは転倒防止だけではありません。足に重さがかかることで、地面に突き刺さる達人感を演出できたのです。人体の場合も足に重みがかからなければ、オーラもバランスも生まれません。さらに、ガンプラをディスプレイする極意は、肩を上げることにあります。つま先荷重で肩を落としたロボットでは存在感も出ず、不自然です。つまり、おもちゃっぽすぎて躍動感が出ないのです。映画「トイ・ストーリー」で人が登場すると固まるおもちゃです。動きの自然さとは、肩が躍動して、足が地面に刺さっているのです。

弱者の答え 22

上虚下実をガンプラから学ぼう。

竹のようなしなやかさ。中身を空っぽにするアティチュード。

▼竹のバネとやわらかさは、芯がないことにある

子供には竹のようにすくすく育ってほしいという言われ方があります。竹は成長が早く、ピーク時であれば一日で1メートル伸びてしまいます。中が空洞でしなやかなことから竹やぶ自体が弾性のあるメッシュ構造の屋根となり、地震があれば竹やぶに逃げ込むという伝承もあります。耐久性が高く早く育つ竹は、子育てに苦労しない子であって欲しいという願いでした。

竹が早く成長し、積雪の重さでも地面につくほどしなるのは、中身が空っぽだからです。中心がないので外側にだけ水分を送り届ければいいのです。中身のない筒構造はしなることで強いのです。五重塔と同じです。中心と中身で支えることは、動きに弱く耐久性があ

りません。

▼中身だけでは成功できない。中身以外に力を注ぐ努力をする

世の中で中身の大切さを説く人は大勢いますが、実際には中身だけ充実させても大成できません。良い商品でも売れないのです。それがわかっているから、良い商品ほど外側に力を入れるのです。ネーミング、広告、キャンペーン、特典、包装、アフターサービス。他人を呼び捨てにするより「さん付け」にしたほうがいいのです。中身より、伝え方を変えたほうが人は動くのです。

いかに「内容をよいものに」「中身を充実させるか」とは、いつまでも成功できない人の理想論です。サービスとは中身ではないものの充実です。挨拶をよくする、笑顔を良くする。「少々お待ちください」より「2分ください」と言う。こうしたことの差で味が普通でも美味しくなるのです。

大切にするべきことは、ラッピングのほうです。私が大切にしていることは、中身では

ありません。武道で大切なのはリラックスです。人生で大切なのは行動です。そんなことわかっています。リラックスして行動できたらどれだけうまくいくか。それができないからみんな困っているのです。何千年も前にすでに答えは出ているのです。必要なのは答えや悟りではありません。その伝え方のほうです。どのように取り組めばいいのかです。振る舞い方、装い方、外側の積み重ねです。

強さと弱さとは同じです。どちらも自分への強いこだわりなのです。自分を捨てる人が結局は生き残ります。失うものがなければ、こだわるものがなければ人は本質的に自由なのです。自由とは答えを作らないところにあります。答えのないものになれるかです。中身のない自分で動けるかです。愛と自由は自分の中に詰まっている我を捨てたところにあるのです。自分という軸に縛られては損だという話です。

弱者の答え 23

ゼロ（空）になれる、しなやかさとしぶとさを持とう。

原始人脱力から超人脱力へ。

▼腕立て伏せは足で荷重する練習

腕立て伏せは、ただの腕の屈伸運動ではありません。趾（足指）を使って、腕に力を加える運動なのです。後ろ足から前足に力を伝えて、体幹の一体化を作っています。さらに、手の指先から、足先へと重心を移動させていくことです。「前足重心から後足重心へ」。獣から人になっていく動作が大切です。

腕立ては、体幹の力が末端に伝わっているのではありません。趾で床を押すことで末端から体幹に力が通るのです。つまり体幹の維持は指で床を押すだけでいいのです。座りながらテーブルを押す動作でも学べます。お腹をゆるめ、腰を丸めて座ります。テーブルに上半身を支えてもらうように指を置くだけです。指立て伏せしているイメージでキーボードを叩く感じです。

後ろが重く、前に長い構え

武術は最新戦車と同じ、リアエンジン・リアドライブ。後輪駆動の後方エンジンで、大砲が前に伸びる。

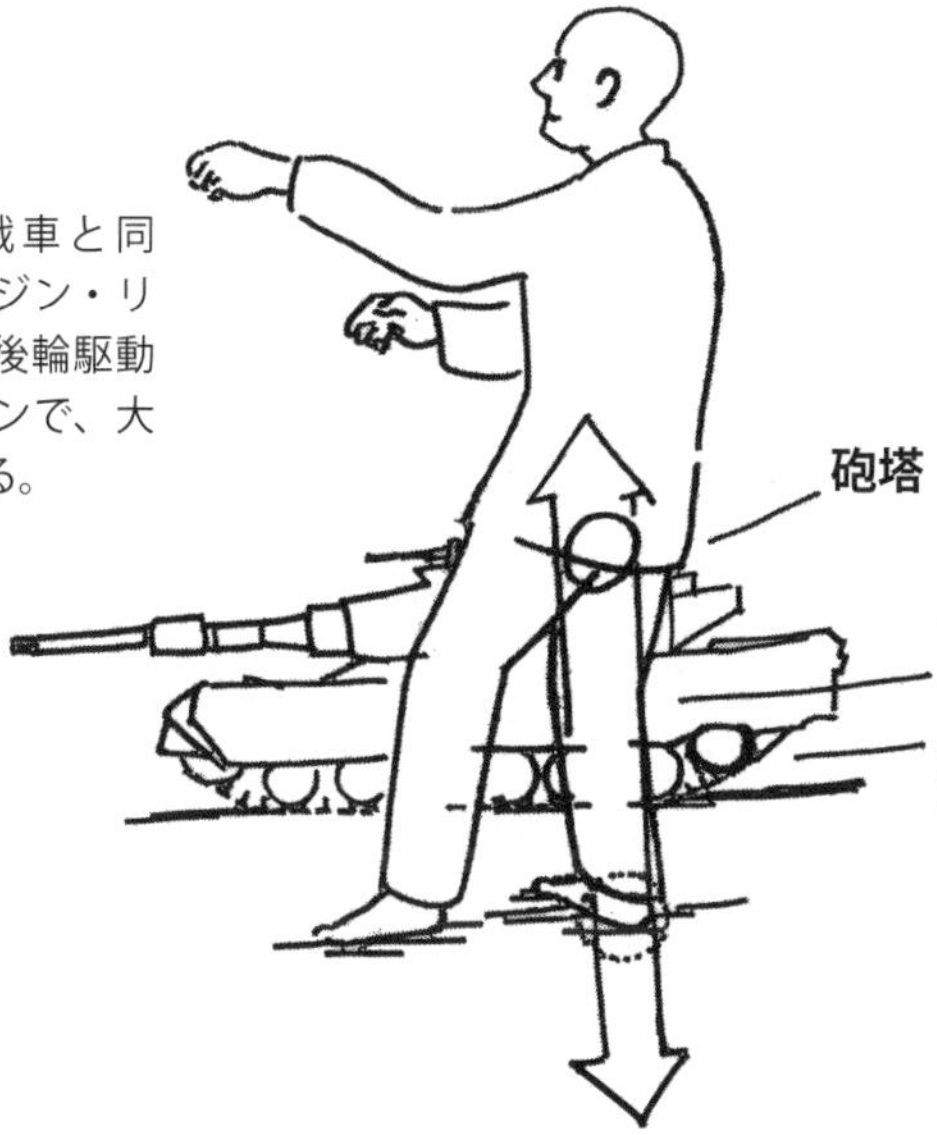

▼前輪駆動のFF車から後輪駆動のRR車へ

今度は、座ったまま足の指で床を押し付けます。より体幹に効くのを感じます。手足の指で身体を離し、かかる圧で身体は一体化して動くのです。指圧は、倒れすぎた前傾を防ぎます。リラックスして後ろにリクライニングすれば指の力はさらに働きます。前傾の脱力姿勢は、まだ原始人だったのです。私たちはさらなる進化を遂げます。後方バイアスによる超人への進化です。

壁押しでも同じです。壁に寄りか

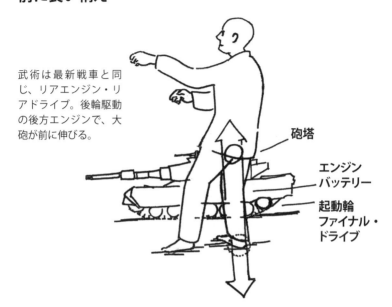

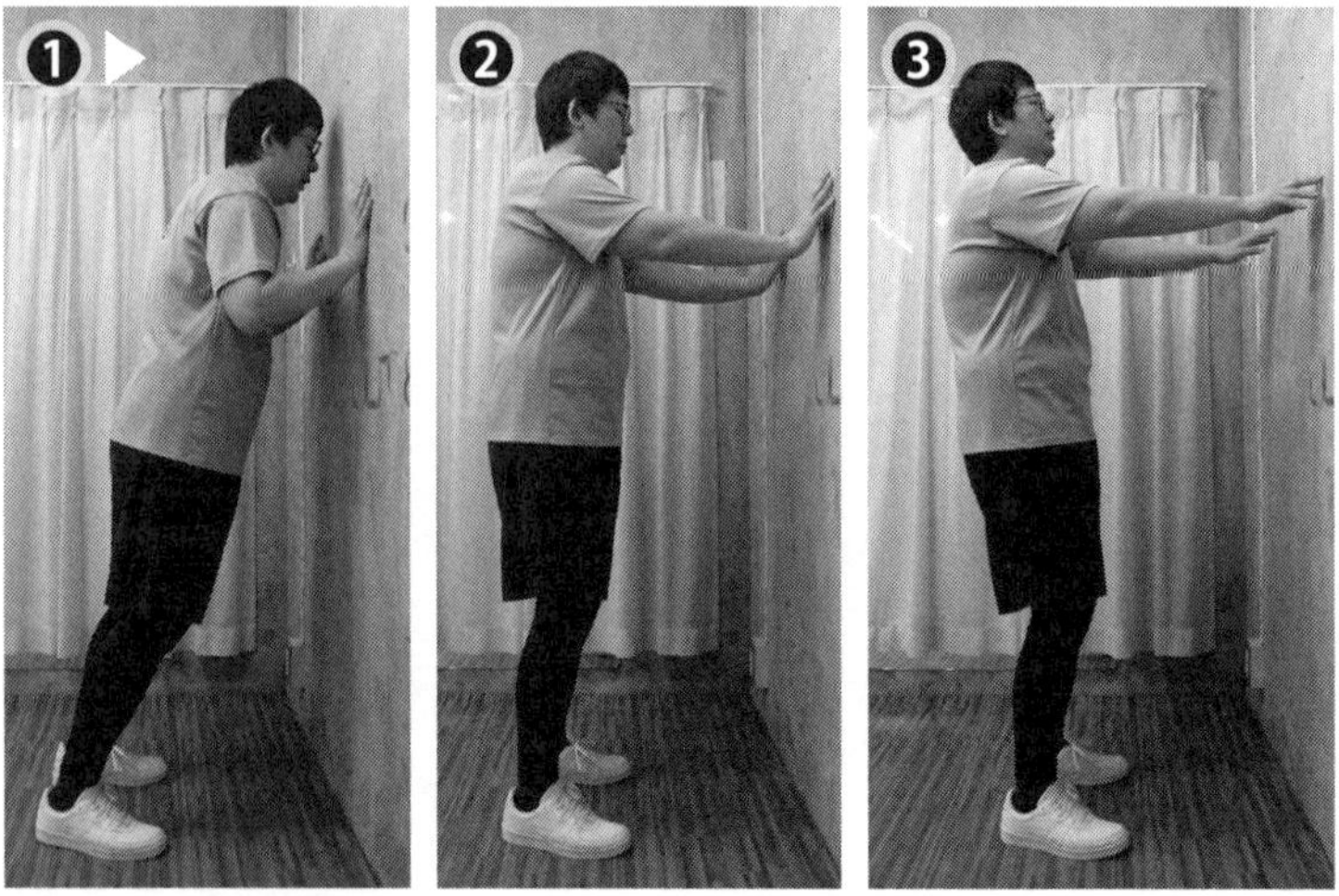

壁押しの際、❶掌→指→❷趾→❸踵へと荷重点を移動させ、人類は前足支持から後足支持に変えた。

かる状態から足裏へ、荷重点を移動させます。壁から床、つまり前足から後足へとウエイトシフトしていくのです。掌↓指↓趾↓踵へと加圧させた頃には壁についていた手は、指先だけがうっすらと壁に触れる状態です。あとはそのまま手を下ろすだけです。

これは赤ちゃんのつかまり立ちのプロセスです。手から踵へ、前輪から後輪へと荷重を変えていく進化です。最新型の戦車はエンジンも駆動も後輪にあるリアエンジン・リアドライブです。

後ろが重く前に長いのが武術の構えなのです。

▼後傾前荷重

人間は前輪ではなく、後輪でバランスを取る生きものです。手よりも足で身体を支え、拇指球よりも後輪の足首側で身体を支えます。拇指球側で体幹を支えることは不自然なことなのです。背骨は身体の一番後ろにある骨です。背骨の前には、頭・肋骨・骨盤の三つのコアが張り付いています。後ろにある背骨だけで三つのコアを支えることは重くてできません。むしろ背骨は三つのコアに寄りかかっています。

ただし、このままでは三つのコアも股関節を支点に後ろに倒れるのです。一番下のコアである骨盤の前側に股関節があるためです。脚の骨は、骨盤の前方にくっついてしまいます。脚の後ろに骨盤があり、その後ろに肋骨と頭部のついた背骨が生えています。

重たい上半身の骨はすべて太ももの後ろにあるのです。立位状態のガイコツは、身体のかなり後ろ寄りバランスです。しかし、前方にある内臓と腕の重さによって荷重は前側にかかっています。後傾寄りの骨格と前荷重の内臓・腕によるカウンターバランスで立つこ

後傾前荷重

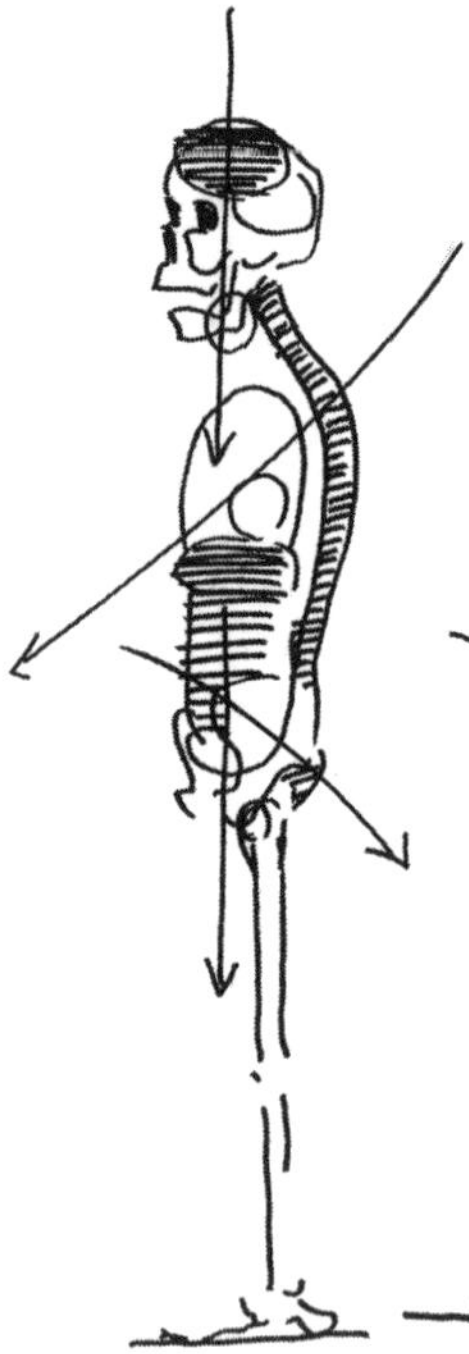

恥骨上に内臓と腕の
重さが残ることで、
後傾の前荷重で立つ
ことができる。

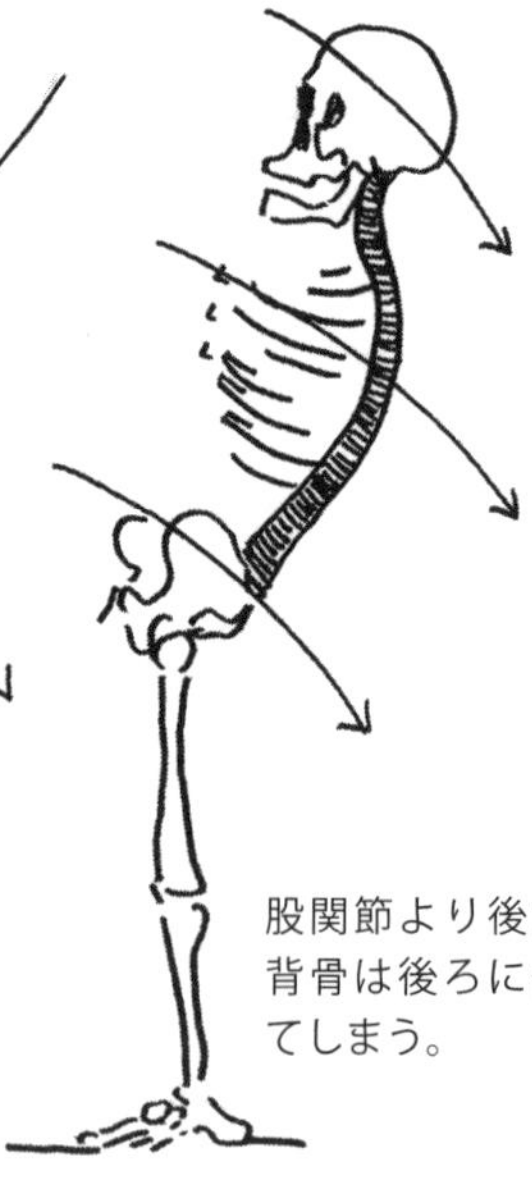

股関節より後方の
背骨は後ろに倒れ
てしまう。

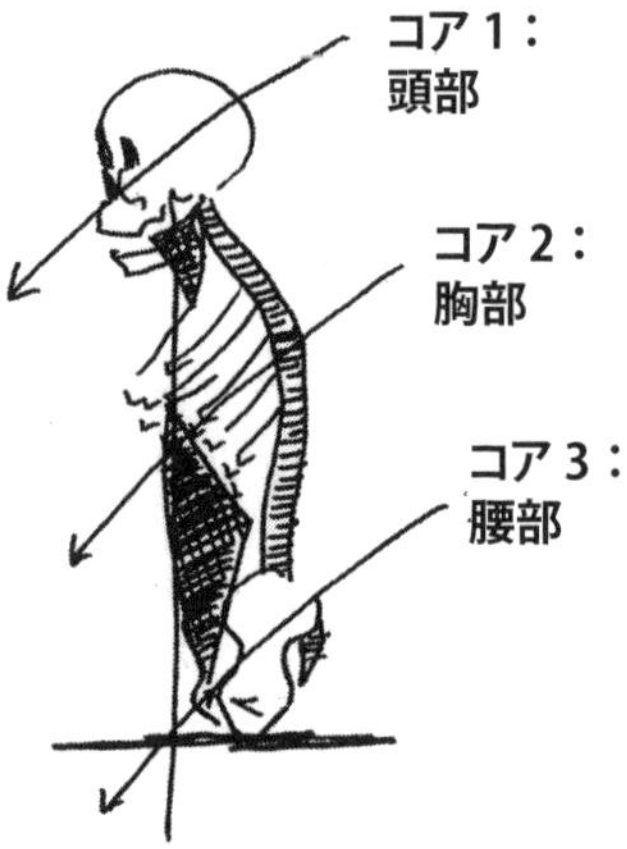

背骨で三つのコアを支え
られないので、コアと前
面の筋肉で背骨を支える。

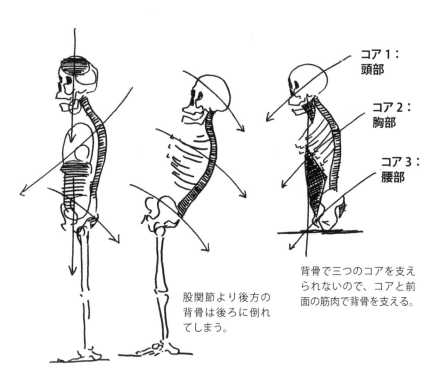

脱力姿勢

手と頭が近い
原始人的脱力姿勢。

手と頭が遠い
超人的脱力姿勢。

とが理想です。この姿勢概念を私は「後傾前荷重」と名付けました。後傾で倒れない姿勢が、ケダモノを超えたバランスの領域です。原始人からの卒業と、超人への入り口です。

弱者の答え 24

自転車のハンドルを離した感覚を思い出そう。

背骨で立つのを捨てよう。

▼吉田茂のように杖を持ちたい

杖を後ろに突くお年寄りはいません。杖は背骨ではありません。杖は腕立て伏せの腕です。杖で支え、上体を後方へ移します。吉田茂のように杖と身体は離してゆったり立つのです。

前傾で猫背になる方法を会得しても次のステージがあります。足先から後傾した猫背です。指と趾は吉田茂の杖の役割です。頭を指から後ろに離すほど身体はゆったりと伸びていきます。背骨は、支持面の外にあることです。足首荷重であれば、足首の前か後ろに頭を動かします。軽いところが、身体が楽に使える場所です。そこが背骨を最も動かしやすい姿勢なのです。

背骨は支えに使わない神聖なものなのです。背骨を支えにするとムダに治療院のお世話になります。ムダな治療院と背骨のお世話になるのをやめることです。そして治療院は治療で儲けず姿勢指導で儲けるのです。

❶相手に倒れ込んで打つと、インパクトで脊柱が固くなり力は伝わらない。❷趾で地面を押して前傾を防ぐ足首重心で軽く打ち込む。❸衝撃は自分の背骨を通り地面で跳ね返り、増幅して相手に浸透する。

指先と趾から頭を後方に離していきます。背骨を踵よりも後ろに押し出すのです。頭蓋骨も、肋骨も骨盤も背骨の前に存在します。後ろにあるから背骨なのです。座っているときも立っているときも、背骨は前にいかせない意識です。股関節よりも大腿骨よりも背骨は後ろにあるのです。

弱者の答え 25

背骨ではなく、指と趾で地面とつながろう。

Chapter 6

自然と自然体――達人はオフセットと球になること。

植物――自然はズレて積み重ねている。

▼植物・魚のように自然体になる

真っ直ぐに立とうとしても、油断すると姿勢が崩れるのは自然なことです。自然体とは真っ直ぐにそり立つことではありません。草木はうねりながら空へと伸びていきます。軸の外側をまわりながら、螺旋を描いて成長します。美空ひばりの「川の流れのように」です。でこぼこ道や　曲がりくねった道。日本国民のため歌だけで生きてきた女王が悟ったことは「真っ直ぐにはいかない」なのです。自然本来の美しさとは「川の流れのよう」なのです。

自然界の美しさとは螺旋や蛇行運動にあります。それはアシンメトリーのバランスにあるカーブです。植物も魚も海も精子も蛇行と螺旋で移動しています。前後左右上下は、アシンメトリーの概念です。「厳密にはズレている」「本質は均一ではない」が物理世界です。

自然の美しさと螺旋蛇行運動

物理的に真っ直ぐは不自然。軸の外周を螺旋運動をしながら、川の流れのように成長するのが自然。

片目、片耳ずつ使う

パンチから遠ざかる動きは、魚の目の機能と同じ。暗いものから離れる習性。

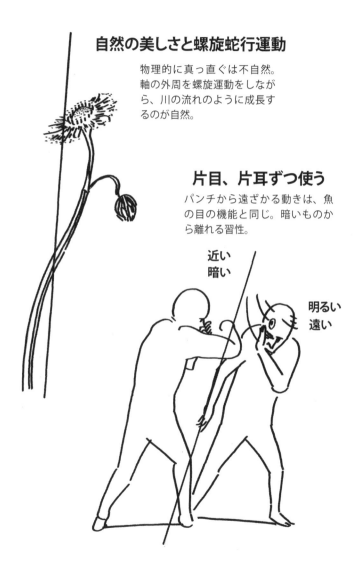

ズレ合う、擦り合わせる、でも擦り合わない。これが私たちの生きていく世界の動きです。魚の目は左右に離れています。目を同時に使わず、目を交互に使うために離れているのです。壁に近づくと光は少なくなり、暗くなります。反対に壁から離れると光は多くなり、明るくなります。暗くなることで壁に近いことが、明るくなるとぶつからなくて済むことが知覚できるのです。魚は片目ずつ明かりに目を向けて蛇行して進むのです。

人も同じです。人は目と耳を左右交互に使います。人も目を閉じた側には身体が向きづらいのです。近づくパンチから身体を遠ざけるのは、魚と同じコンセプトです。暗いと当たるとわかるのです。武術も魚のように片目、片耳ずつ使うほうが自然です。日常でも半身で構えるのは自然な動作なのです。

▼真っ直ぐは自然を超越している

日本人は見据えるのではなく、視線を外すのが普通です。日本人は目を見開くのではなく、目を細める文化です。本来は身体を真っ直ぐにすることも否定する文化です。浮世絵の美人画が証拠です。見返り美人は、背骨が真っ直ぐではできない動きです。

目を細め、後ろに仰《あお》のき、背中をカービーに使います。肩越しに片目だけで後ろを覗く姿なのです。まるで植物のような螺旋美です。目を見開き、真っ直ぐに立って相手を凝視しては興奮状態です。文字通り「腹を立てている」姿になってしまいます。

物を計測すると必ずズレていて誤差が生まれます。シンメトリーは数学の概念上にだけ存在しているのです。シンメトリーに見えるものは、職人技でそのように見せかけています。シンメトリーは神の表現です。

宗教では神に似せた世界を表現するために、シンメトリーに見えるように近づけます。しかし完全性を装うことは、この世では不自然です。私たちの世界は神の世界とは違います。完全なる神の世界とは違い、この世界は割り切れません。この世のすべては簡単には割り切れないものばかりです。物事はズレあっていることが自然です。完璧主義は身を滅ぼします。

ズレてしまうという自然の摂理を否定することで人はおかしくなります。流れがあり、身を任せるときがあり、割り切れないことがあり、常に完成しないし、完璧にはなれないということを知ることです。この世から廃絶していくという思想は善意であるほど危険です。

「除菌、無菌、ゼロにしよう」という思想は人をおかしくします。すべてのムダをきれいになくしてしまうことは不自然です。死を否定することは不自然です。世界は不完全で未完成のままで自然な存在なのです。

悪党はいずれ刑務所行きです。正しく生きるというのも世間知らずの偽善者です。行きすぎると怖がられ、真面目も嫌われます。子供にも異性にも人気があるのはいつも不良です。不良は、良くないだけで悪くもない人のことです。不良は努力しても世間に馴染めない人です。

脱獄映画は刑務所に馴染めない人たちの話です。刑務所の中の不良が脱獄します。脱獄チームは少数派の不良です。そもそも不良は少数派のことです。

真面目か悪人になるかを迷っている人は悪人です。不良はそんなこと気にしていません。不良は世間の答えのない不安定な真ん中でフラフラといるのです。派閥ではなく、自分のチームを持つだけです。不良の向こう側に自然があるのです。

弱者の答え 26

悪人と真面目・不潔と潔癖症の向こう側に行こう。

自転車も車もオフセットバランス。

▼セットオンされたものは動的バランスに弱い

前述した法隆寺の五重塔は、揺れることを前提に設計された塔です。塔の真ん中には大きな柱が吊るされ、地面に接触していません。さらに、建物は縦に箱を5個積み重ねただけの構造です。積み重ねた箱なので、地震があれば、塔も合わせて揺れるのです。外からの力に抵抗せずにズレてゆがむことで元に戻るのです。この構造は背骨も同じです。

自然界では、セットオンのバランスだけでは生きていけません。動物は静的バランスと動的バランスを併せ持つ必要があります。変化に対応できるズレたバランスも必要なのです。セットオン（オンセット構造）とは積み重ねたバランスです。反対に、意図的に前後にズラしているバランスをオフセットといいます。ズレただるま落としや、プレイ中のジェンガです。曲がりくねった調和の道です。

動的バランス

乗り物は同軸状にセットオンされないオフセット構造。

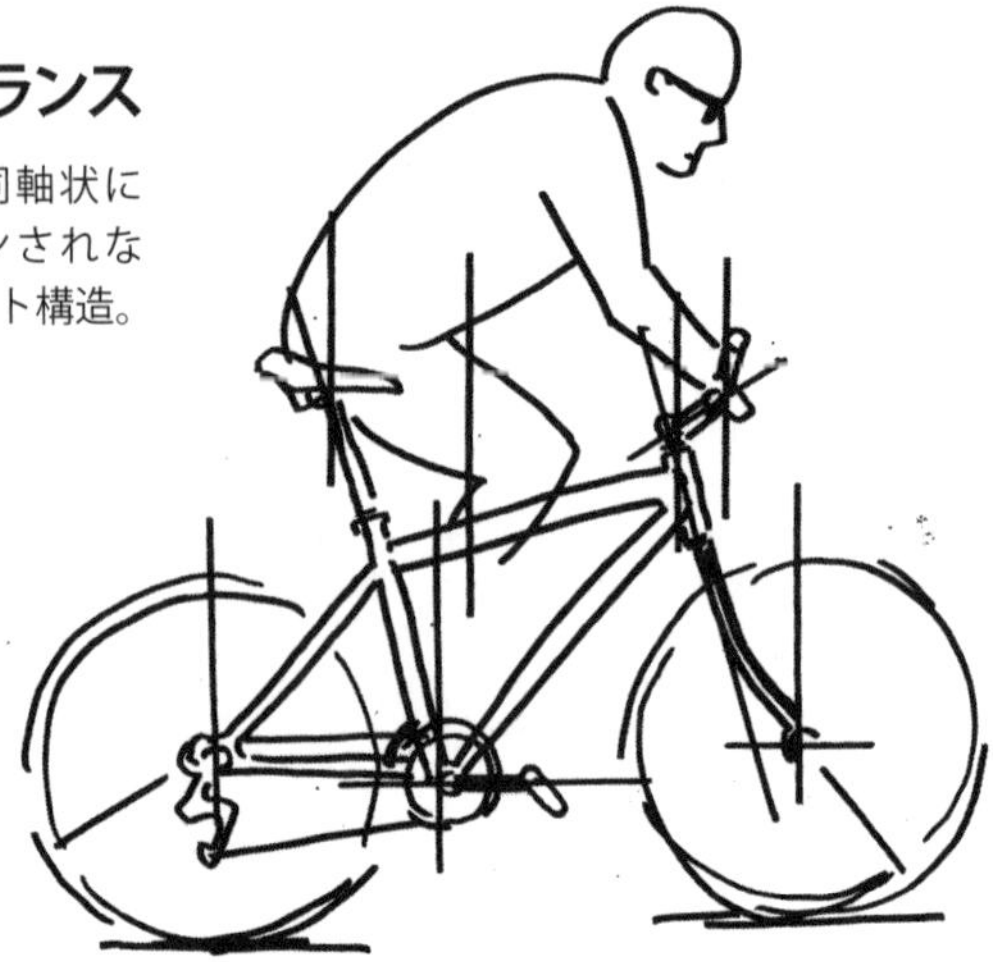

オフセットは、自転車やキャスターなどタイヤ物には必須の構造です。自転車のサドルは前輪の上にも後輪の上にもありません。フレーム前後にタイヤはあり、ハンドルはフレームより前にあります。積み重ねただけでは動きの中でのバランスは取れません。意図的にズレたオフセット・バランスが野生では生き残るのです。

人体も自転車と同じ動的バランスにデザインされたオフセット構造です。人の車体フレーム（骨組み）とはまさに骨そのもの。背骨のS字カーブは前後にオフセットされているということです。衝撃が増えれば、膝は前に、お尻は後ろにオフセットされます。

浮世絵の美人画に感じるリラックスの正体

はオフセットです。自転車のフレームの美しさも、盆栽や日本庭園も同じです。真っ直ぐから意図的にズレた美しさがあります。北斎の波や富士山も、真っ直ぐを外した陰陽のバランスです。真ん中を避けることで、真ん中は浮かび上がるのです。

弱者の答え 27

乗るより、ズレよう。

中心をさける背骨のアライメント。犬は斜めに歩く。

▼野生は三つのコアをズラして動く

野生の世界には真っ直ぐの概念はありません。一直線を真っ直ぐ歩くという運動はないのです。一直線上があると考えているのは人の心です。真っ直ぐに歩くように見えるのは、道の端や角を歩くからです。広いところでは四足動物は頭と胸と腰をズラしたまま歩きます。頭が向かうところに後から胸と腰を運びます。実は、川を泳ぐ蛇とあまり変わらないのです。

昔の日本人は号令に合わせて歩調を合わせる文化はありませんでした。大名行列でも「ザッザッザッ」と歩いていません。花火を観に行くみたいにみんなで「ぞろぞろ」歩いていました。明治維新のときに、号令で颯爽と歩く教育をはじめたのです。当時は協調して歩くことも大変でした。加えて、真っ直ぐ歩くことも大変だったはずです。犬と同じで動ける身体とはロボコップではないのです。

子供の頃、教師が姿勢を正す目的で背中に定規を入れました。勉強や仕事に集中できる姿勢としての指導です。実際にはジタバタして動く子供を動かなくさせるのが目的です。この姿勢は身体を緊張させ、身動き取れなくする姿勢です。勝手に立てず、眠ることができない服従姿勢です。生徒が姿勢を正せば先生は、むやみに怒らなくて済みます。背筋を伸ばすと、後ろを向いておしゃべりもできません。授業をする先生の負担は減ります。

さらに背骨真っ直ぐは交感神経を刺激します。眠らせないようにしてハイにさせる姿勢なのです。集団を操る権威には便利です。

▼脳、心臓、内臓という座布団を積み重ねている

リラックスするとは究極眠ることです。デスクにうつ伏せになると昼寝は簡単です。なぜなら、背骨は丸く解放されて神経がやわらぐからです。セットオンされた背骨がオフセットされ圧力から解放されるのです。リラックスを指導するなら顎下から胸の前に定規をおくことです。私たちは痛みに苦しむと前にうずくまります。胸の前で合掌すると、心と体が落ち着くのはそのためです。そのほうがリラックスできるのです。

身体の後ろには背骨があり、身体の前に重心線はあるのです。身体の前とは腹筋と内臓です。ハラが据わるとは、背骨を串刺しにすることではありません。内臓を串刺しにすることです。内臓に重心線を内蔵させるのです。

弱者の答え 28

背骨に乗らないバランスも見つけよう。

骨盤と肋骨と頭を脊柱から外す。

体軸とは骨格のない部分

骨で立つという概念は、心理的なアプローチです。骨格を立たせるイメージや感覚を持ったほうがムダな力みが取れ、理想的な姿勢をとりやすいというイメージ誘導なのです。実際に骨で立っているわけではありません。なぜなら、骨格標本を立たせることは、不可能だからです。しかし、骨格標本を手で持って、立ったように見せることはできます。この骨格標本を持っている腕が、骨を支えているモノの正体です。

私たちは筋肉で骨を支えています。筋肉や内臓こそ、骨と身体を支えています。下半身には骨盤という穴の空いたボウル皿があります。この皿に収めるのは脊柱の前にある内臓です。骨盤に押し込まれ潰された内臓は、内側から腹圧として背骨を背側に押すのです。こうして肝が据わり、腰が決まります。

身体の前にある重心線

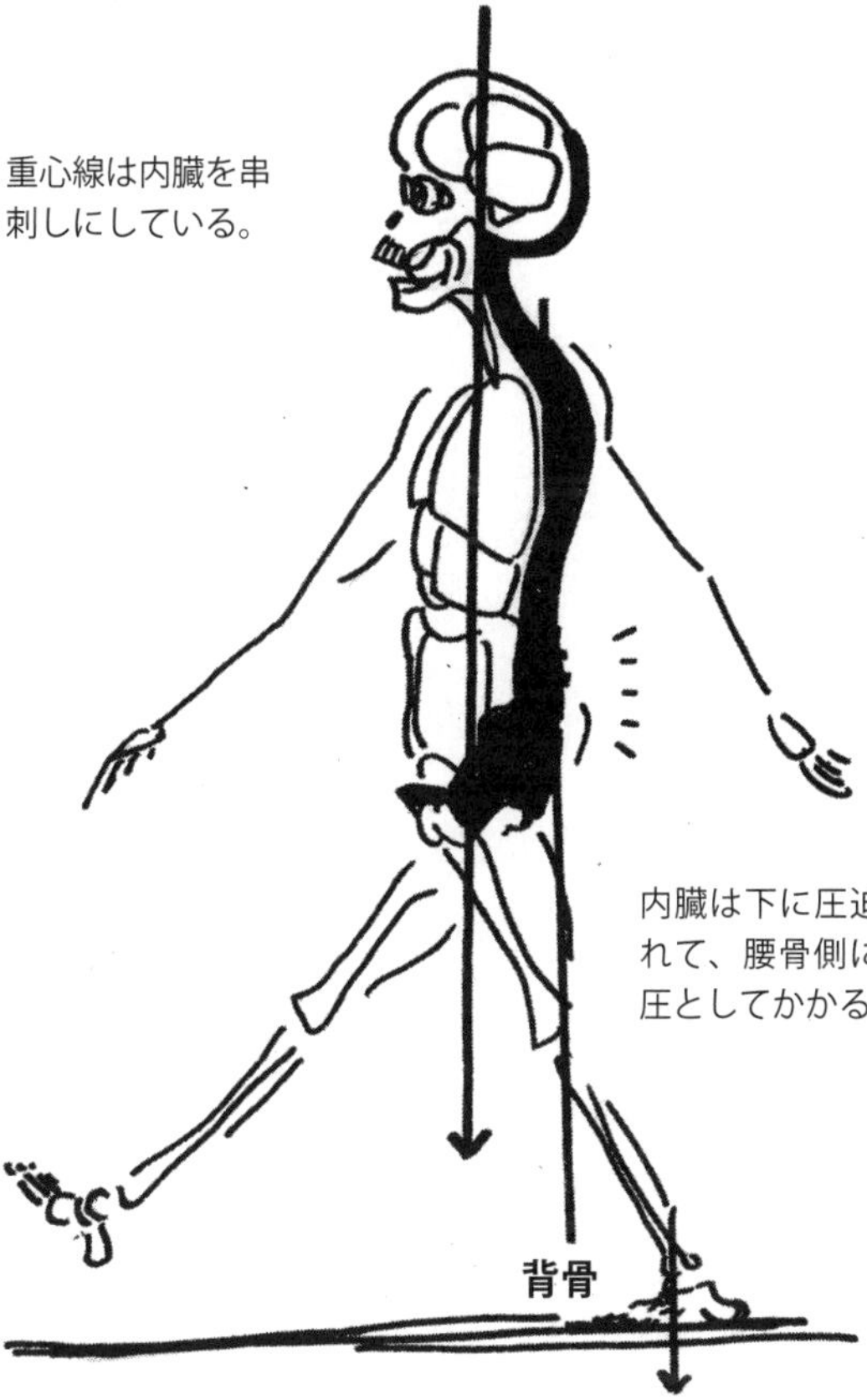
内臓
内臓は下に圧迫されて、腰骨側に腹圧としてかかる。

▼背中にあるから背骨

人は背骨より前で身体を支えているのです。背骨そのもので身体を起こしているのは幻想です。腰椎の前の臍側で倒れずに済んでいると考えることです。臍から腰を丸め、臍前で指を挟むよう軽く屈む姿勢です。このとき、お腹にシワをつけ、腹筋重心の姿勢にします。

背骨は想像以上に背中側です。背骨は肋骨と骨盤の後ろであり、内臓の後ろです。骨盤と肋骨の間にあるのは背骨ではなく内臓です。背骨は縦の圧力に強く簡単には潰すことができません。縦の圧力で潰すのは骨盤と肋骨の間の内臓と腹筋です。骨盤と肋骨の間の内臓を潰して、肋骨と骨盤を一体化させます。職人や達人は、この肋骨と骨盤を一体化させたキャンディーの玉のような上体に脚が生えているのです。

それはまるで身体がタオマークのイメージです。肋骨と骨盤で内臓をサンドイッチし、一体化した上半身と地面で脚もサンドイッチします。地面と肋骨に挟まれたことで、まるで肋骨から脚になったかのような機能を持つのです。肋骨から竹馬のような脚が地面に刺さっている感じです。軸状の身体ではなく、玉状の身体を操るのです。

弱者の答え 29

タマゴになろう。

キャンディーの玉の上半身

内臓を潰して、骨盤と肋骨を一体化。
肋骨と地球で脚部をサンドイッチ。
球になって踵で地球とつながる。

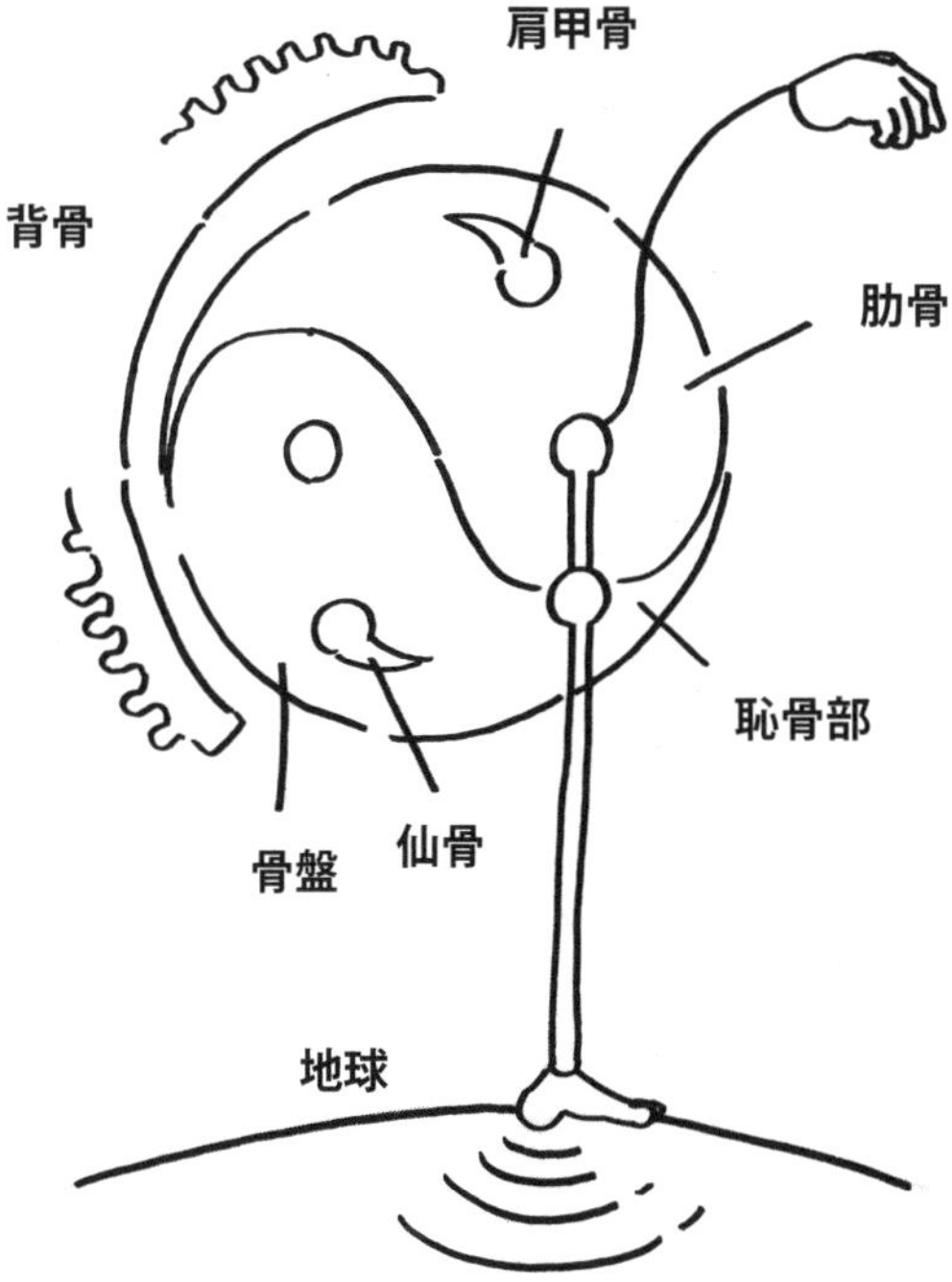

もっと背骨を曲げよう。

▼自然体とは前傾で走るのではなく、後傾で歩くこと

野生動物は人とは違い、前足（手）荷重です。これは前傾重心ということです。命を守るため、走るようにデザインされているのです。人も走るときは、前傾姿勢とつま先荷重を利用します。また、怒っているとき、興奮しているとき、戦うときもです。非常時には前傾・前荷重の交感神経優位となります。しかし、交感神経優位な状態を自然体とは言えません。

武道では、非常時でもリラックスして平常心でいることが理想です。人は走っている時点で、すでに普通の状態ではありません。人が走っているということは、なにか間に合っていないときです。野生動物にとっては自然なことでも、人は平常時は歩くのです。人はユーラシア大陸を歩いて渡りました。踵でしっかりと大地を踏んで歩くのが人間の自然体です。地面を踵でしっかり押すことで、人は人になったのです。踵を踏めば、人はもっ

踵を踏む（ねじ込む）

踵の表面は球で、踵の骨は転がるデザイン。❶プレート式キャスターのイメージで踵で回転する。床から立てた2本のドライバーがネジ回しのように回転し、その先となる腕側には大きな螺旋の力が生まれる。❷❸ドライバーに巻き込まれるように相手は崩れる。

と幸福感を持てるのです。それは高揚感ではありません。前足よりもつま先よりも、後ろ足の踵で地球とつながったのです。

リラックスして歩くコツはお尻です。これは立つときも、椅子に座るときも同じです。腰を丸めて、お尻を潰します。もも裏で浅く椅子に座るより、お尻で深く座ります。もも裏で立つより、腰を丸めてお尻を潰して立ちます。もも裏で歩くより、お尻を潰して歩きます。内臓を骨盤のお尻側に乗せるということです。

▼500歳の達人の長寿の秘訣

中国に256歳まで生きたと言われる李青曇《リセイドン》という男性がいました。実在した証拠や写真がある人物としてギネス非公認記録で世界一長生きした人物です。彼は漢方と武術、スカウティングの達人です。

生前、ウワサを聞きつけた将軍が彼の長寿の秘訣を聞きました。「心を落ち着けて、カメのように座り、鳩のように歩き、そして犬のように寝ること」と語ったそうです。

私には「丸く身体を一体化して養生すること」という風に聞こえます。お弟子さんによれば、李青曇は500歳の達人に学んだとのことです。

リラックスは難しくありません。真っ直ぐを減らすことです。身体を丸くすることです。立っているものを潰すのです。布団に沈むように寝るとは、リラックスです。ダラッとすれば、丸くなります。ねじって、歪めて、丸まって、それが宇宙であり自然なのです。自分にこだわるよりも、地球に委ねます。自分で頑張っているより大きな存在に任せて生きる。リラックスは捨てる力です。

弱者の答え 30

リラックスして、もっと地球に近づこう。

Chapter 7

鏡——武はスパイ。自分を捨てて、潜在的な相手となること。

武術は、戦国時代のサバイバル技術。

武術のエリートは、スパイになる

武術とは、もともと戦争の技術でした。法律やルールでは自分の命を守ってもらえない時代のことです。自分たちで身を守り、争いを回避し、争いを止めるため、命をつないでいくため、命を犠牲にし、命を奪うことが武術でした。

そこに勝ち負けはありません。生きるか、ここで死ぬかです。今の時代、法律で守れないときに使ってもアウトです。武術は、戦争（戦国）時代のサバイバルスキルだからです。

古今東西、戦国時代の武術家は能力が高いとスパイに選ばれます。単独行動で、敵のアジトに潜入して、情報を収集する任務です。1人で行って、生きて帰ってくる人にしか任せられません。ヤンキーみたいに群れて行動するレベルではダメなのです。イーサン・ハントも、ゴルゴ13も単独行動です。

映画『ダイ・ハード』は、実はスパイ映画です。骨格は、1人でアジトに忍び込んでお姫さまを助ける忍者映画です。能力が高い人ほど、最少人数で動くのです。

▼バレずに生きて戻るのがスパイ

スパイの仕事は、自分を知ってもらうことではありません。人知れず、片付けることです。遠山の金さんも、水戸黄門もやっていることは仮装（コスプレ）です。バットマンはお金持ちのコスプレ趣味です。イーサン・ハントは世界を救ったことをインスタにアップしません。世界を救ったことを誰にも知られずにやりたいのです。バレずにやって、帰ってくることが武術とスパイと戦争の共通点です。

スパイの日常は危険なところで平然と生きていくことにあります。別の人間、別の人格、別の肩書を持って偽りの普通の生活を送ります。敵のアジトで、味方に扮して生活を送ることもあります。高いレベルでは、敵に信頼される人間になることも必要です。敵には仲間として信用されなければなりません。ハッタリが通用しない世界で、ハッタリを通用させるのもプロなのです。

武術はサバイバル

潜入と脱出のスパイの技術。揉める前にもぐりこんで、生きて帰ってくる。

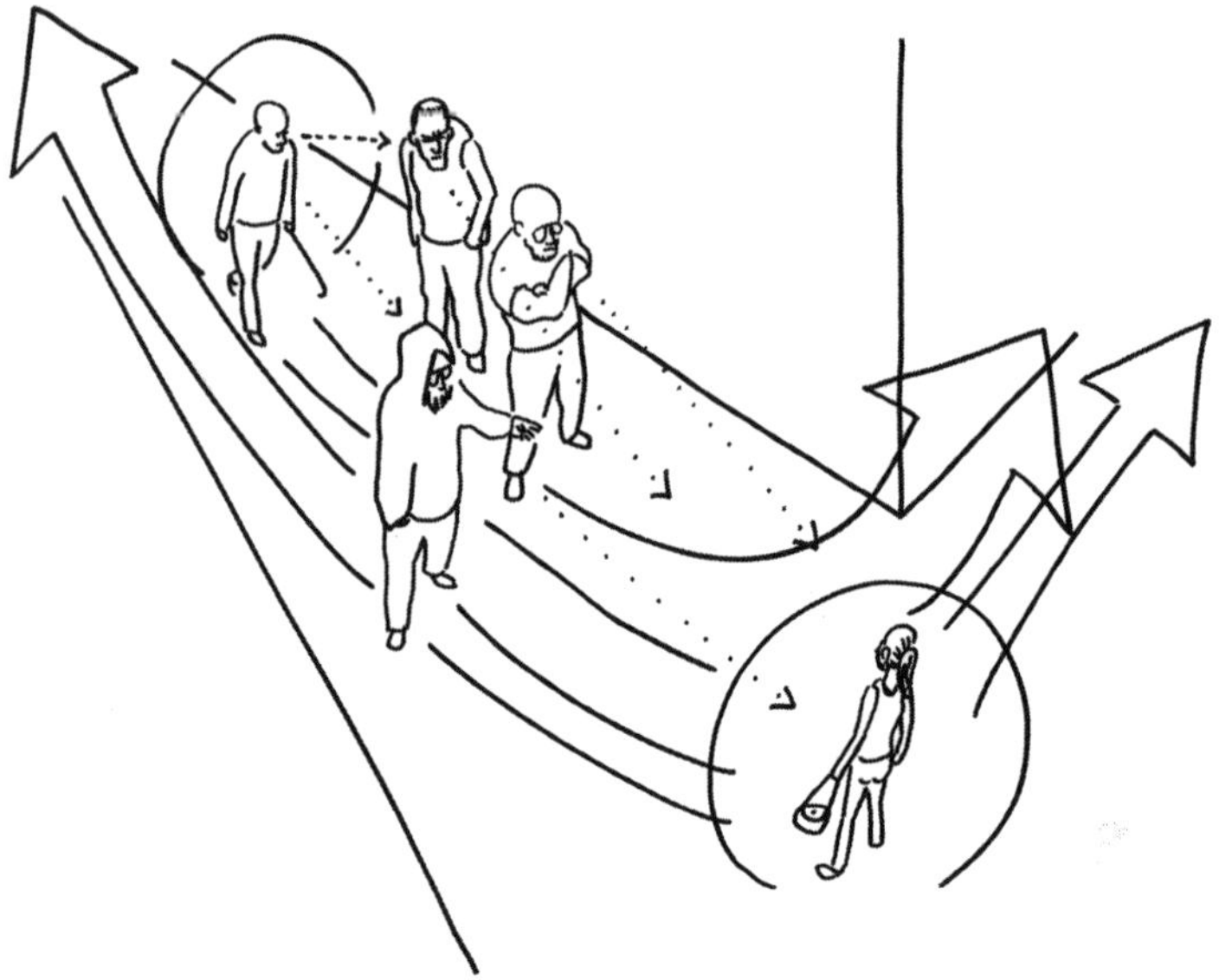

スパイがスパイであることを知っているのはごく一部の人です。スパイは自分の生活する周囲には架空の存在として生きています。本当の自分は、その人の心の中にしかいません。自分らしさにこだわることは、この世界では危険なことなのです。

何者でもないのではありません。目的のためなら何者にでもなろうとするのです。誰も認めていないところで、本当の自分らしさにこだわるのは二流です。自分らしく好きなことで生きていくとは聞こえのいいファンタジーです。もはや自分ではない何かを演じきることで生き残れるのです。目的のためだったら何にでもなれる自由さが危険をくぐり抜け、自分を成長させるのです。

弱者の答え31

偽ろう。

スパイは潜る、脱出する。

▼映画のストーリーは、入ってやめる話

私の高校生の頃の夢は、映画監督とロックスターでした。今も映画作家とロックミュージシャンになりたいです。当時の私は映画作家になるつもりで「ストーリー」について研

究していました。そこから「物語の構造形態学」というものに出会いました。物語とは実はだいたい決まったワンパターンであるという内容です。実は、ストーリーには本当の意味でオリジナルなものがありません。物語の構造は「行って、帰ってくる」と言われます。ただ、「映画的」であるためには、若干違います。映画的な物語構造は「潜入して、脱出する」なのです。

例えば、入社して、会社を辞めるでは映画的ではありません。「いかに入社して、どうやったら辞められるか」が映画的なのです。潜入方法、脱出方法を学ぶために映画は勉強する価値があるのです。最初から引き込まれるストーリーは、業界に潜入する話になっています。後半で引き込まれるのは、いかに抜け出すのかの話です。

『ゴッドファーザー』はヤクザを辞めたいのに抜け出せない天才の苦悩です。『E.T.』は、よその惑星で原住民に遭遇して、そこから抜け出す話です。『バック・トゥ・ザ・フューチャー』は、いいかげん日常に戻りたい話です。『ラ・ラ・ランド』は、停滞期をどうやって乗り越えるのかの話です。

生きるとは「もうやめたい、もう帰りたい、もう戻れない」のドラマです。「潜入できるか、脱出できるか」というドキドキです。２人だけで忍び込むドキドキがデートです。

▼成功とは抜け出すこと。出会うとは助けること

業界に潜り込む、業界に馴染む、業界で一目置かれる、そして業界を去る。これは映画の骨格であり、私たちの人生のパターンです。生きるとはスパイのように潜り込んで脱出することなのです。

「いかに潜り込んで、理想を叶えていくか」「いかに潜り込んで、使命を見つけていくのか」「本当の自分に戻るためにどうやってここから抜け出すか」。理想を叶えるとは、潜り込むことなのです。成功するとは、脱出することなのです。忍者のマインドがあって成功できるのです。

相手の心に近づく方法はシンプルです。相手に、私はあなたの仲間であると伝えることです。ところが、店員としてお客様に話しかければ警戒されます。宗教の勧誘や営業に出向くと警戒されます。ナンパもやはり警戒されます。お客様と店員のままでは仲間だと伝わらないのです。むしろ、敵だと思われています。損得で近づくと人は離れるからです。これは相手に伝える方法が間違っています。

「私も失敗したくない気持ちわかります」とやることです。「失敗して挫折する人を増や

入身とは潜入

脱出、救出、成功。

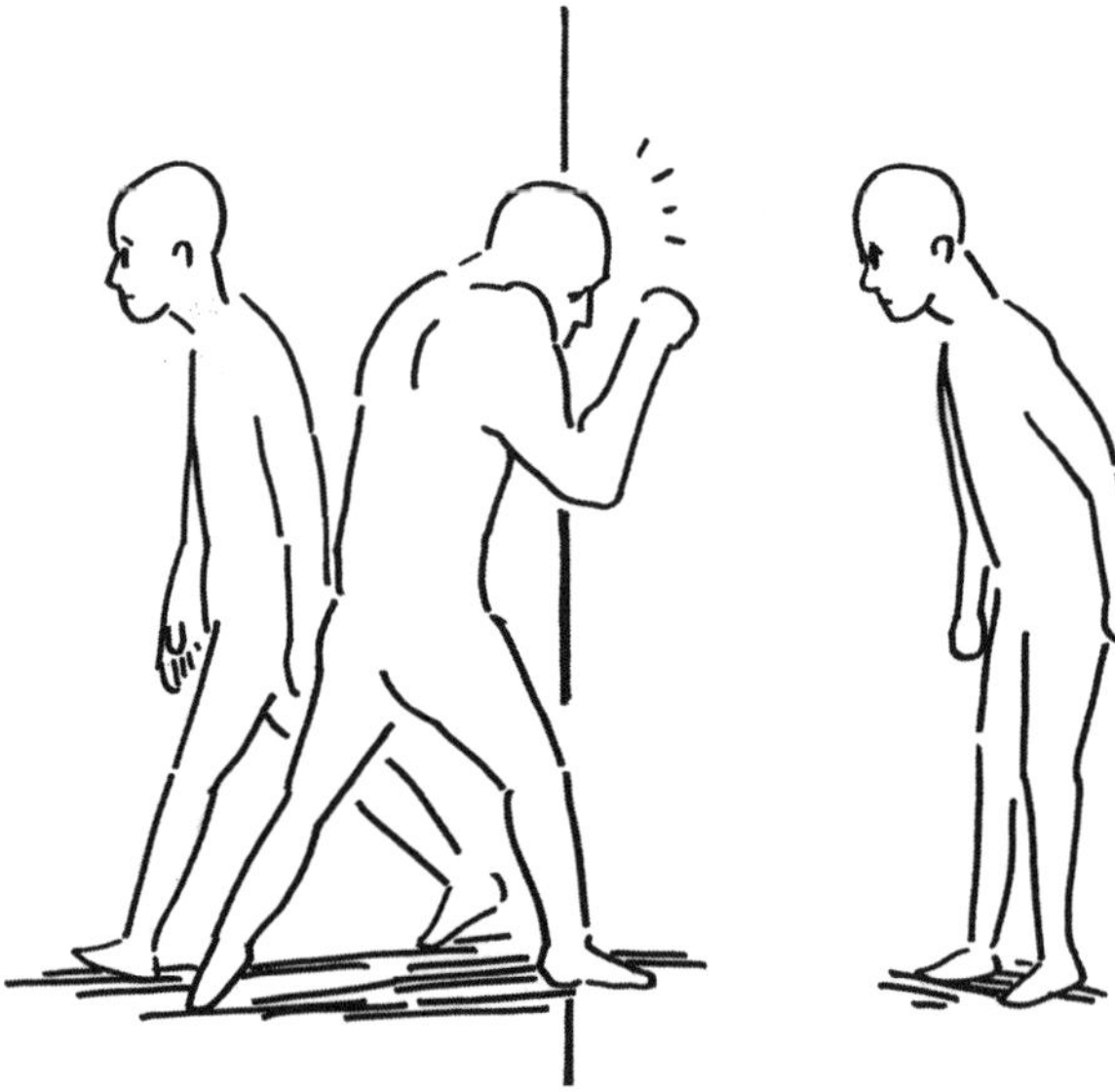

したくない」とやることです。これをサポートといいます。

優しさを履き違えて失敗する人がいます。その人を応援する側にまわれていないのです。懐に入るとは、助ける側にまわることなのです。

▼世間にバレない仕事を頼まれるのが一流

一流になるほど目立つ仕事があると考えているのは二流です。一流ほど、その仕事が地味なのです。「たったそれだけのためにわざわざ」という仕事を頼まれるのが一流です。仕事を評価されることと、仕事に足跡を残すことは同じではありません。

「え、あの仕事も、あの人だったの？」「この仕事にも、あの人が関わっているの？」「これもあの人、自分でやってるの？」という世界です。もちろん匿名で仕事をしているのではありません。名前を売るための仕事をしていないのです。一流の仕事は、主役が自分ではないため簡素です。どんな仕事も向こうの裏方に回るつもりでやるべきなのです。

弱者の答え32

助っ人になろう。

スパイは相手に寄り添う存在を演じる。

敵の身内になる

敵と敵対するのは凡人です。達人は敵と潜在的に仲良くなります。向かってくる敵と仲良くなれるのであれば、もう敵はいません。これを無敵といいます。武術は負けない技術です。それは、敵がいないからなのです。

人間関係に平等を持ち込むのはどちらかにコンプレックスがあります。関係の本質は対等ではありません。

良い関係とは上下関係です。「弟子になりたい」「学んでいきたい」と師を見つける喜びなのです。人はお互いにリスペクトできるかどうかでつながっています。

ただ強いだけでは相手に尊敬されないということです。向こうがなりたがっている理想に近い存在であるかどうかです。敵の理想になれるかどうかです。

YSPCの構え「ウォーク」

相手を二人羽織のようにコントロールするYSPCの構え「ウォーク」。

相手の目となり、手足となり、頭脳となる。相手を中心に置き、その前後に自分を挟むことで、相手の身に着けた衣服のように潜在的な相手として動ける。

▼ものまね芸人は、本人より似ている

一流のものまね芸人は、タレント本人のコピーではありません。本人よりもオリジナルに近い存在を掘り起こすことができます。ものまねする本人の中にある潜在的な魅力を、顕在化させ、イコンにするのが一流ものまねタレントです。対象の中にある神聖を見抜く力がただのコピーを超えるのです。

一流は、相手の潜在的な神聖を見抜きます。和合するとは、相手のコピーになることではありません。相手の潜在的な存在になることなのです。本人

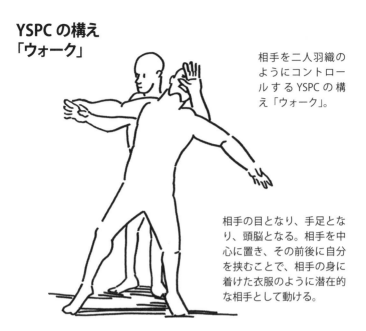

よりも潜在的な本人になることです。人は潜在的な自分と引き寄せ合っています。映画や小説、神話とは潜在的な自分と向き合う時間です。人は潜在的に一つなのです。

▼「お客さま」のまま、味は盗めない

客として何度も足を運んでも結局は、お店の味は盗めません。雑誌の取材として店主に近づいても同じです。お店の跡継ぎを目指して現場で働いてはじめて盗めるのです。相手の家族となってみないとわからないことのほうが多いのです。

教室ならＹｏｕＴｕｂｅで何度も観て、無料見学・体験に行っても同じです。ＳＮＳのコメント返しで極意を教えてもらえることはないのです。弟子として認められないと教えてもらえないことは多いです。深い関係とは「えこひいき」だからです。

お金さえ払えば平等に、対等に扱われると思っている人は損をしています。お金を払っても「ひいき」されない人になることもあるのです。人間は物理ではなく、心理的な存在です。特別扱いされるとは家族になっていくということです。お客様扱いされているままでは、まだ他人です。他人のままでは、潜入も脱出もはじまらないのです。

映画『ミッション：インポッシブル』で主人公のイーサン・ハントは、扮装することで、クレムリンの正面から内部に入る作戦を実行します。ヒゲをつけて軍服を身にまとい、上官のフリをしてセキュリティーチェックを突破しようとします。アメリカ人のスパイが、玄関ロビーで毎日働くロシア兵に「まさか、お前はこの俺のことを知らないのか」と逆に叱りつけます。スパイ映画で扮装するのは上官役と決まっています。

上下関係で上のフリをするほうがハッタリは効くのです。下のものほど上に詳しくないからです。

映画監督スピルバーグは17歳のとき、スーツを着て映画スタジオの警備員を騙し、スタジオを顔パスで出入りできるようにしました。その夏休みには清掃室をオフィスにしてほとんどの月日をスタジオで過ごしています。スピルバーグはそのまま21歳で映画を監督します。完成した作品は関係者の目に止まり、ユニバーサルと7年の契約をしたため、映画製作のため大学を中退しました。

これは本当の話です。天才が成功するにも、スパイの素質が必要なのです。

弱者の答え 33

潜在的に相手のボスになろう。

個人を捨てるところに向かうのが達人。

▼プロは地味。達人は究極の普通

素人とプロは違います。うまい素人は何でもかんでも派手にしようとします。「つぽく」するのがうまいのが素人です。プロは「うまい」のが当たり前です。あえて地味で足りないところでプロの品が出るのです。

プロの中でもさらに凡人と達人がいます。プロでも派手に向かうタイプは、素人受けする人です。プロでも地味で質素を追求していくのが玄人受けする達人の世界です。達人とは地味すぎて個性から離れるすごさがあります。素人みたいに見えて、実はやってる仕事がすごいのです。

すごいことを簡単そうにやっているのがプロです。簡単なことがすごいレベルなのが達人です。たしかに「技とらしい」ほうが素人受けします。達人は素人の「いいね」の量を求めていません。レベルの高い玄人に向けて仕事をしているからです。達人はプロを相手にしているのです。

▼プロは基本のレベルが違う。達人は基礎レベルが違う

素人とプロの違いは基本です。プロは基本を押さえているのです。基本ができているので、仕事が早いのです。素人が大変なのは、基本がないので初動に時間がかかるのです。さらに達人は基本ではなく、基礎レベルが違います。

基本は見える部分ですが、基礎とは見えない部分のことです。基礎レベルが高いので、急がなくても仕事は早いのです。基礎レベルが高いと基本がなくて自由にも見えます。フォームがセオリーと違う天才は、基礎が違うのです。基礎が変わればすべての基本は変わるのです。

すべての技には基本があります。そして、基本にはその土台となる基礎があります。基礎とは極論、哲学のことです。「どう考えているのか」「どこまで向かいたいのか」。「どうしていきたいのか」です。

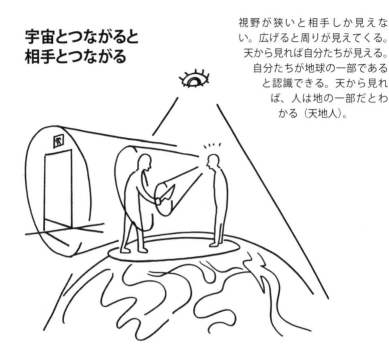

宇宙とつながると相手とつながる

視野が狭いと相手しか見えない。広げると周りが見えてくる。天から見れば自分たちが見える。自分たちが地球の一部であると認識できる。天から見れば、人は地の一部だとわかる（天地人）。

子供向けの話が聞きたいのか。大人向けの話を聞きたいのか。プロ向けの話を聞きたいのか。歴史を変えたいのか。宇宙をひっくりかえしたいのか。そこが違えば、取り組み方は変わってしまうのです。

「一般の人に評価されて目立ちたい」「親に認められたい」。他者承認で生きる人は、生き方がすでに達人ではありません。達人は、個性やオリジナリティの外に向かいます。

いかに宇宙と調和的であるか。どうしたら自分の中にある神性とつながっていくか。宇宙と神の話が出ている時点で、個を捨てています。達人は人と比べていません。宇宙に比べての自分だけなのです。自分を捨てて他者と和合できるのも、宇宙とつながるレベルだからです。宇宙と一つだから、相手と一つになることもできるのです。宇宙に任せるから、個性もなく地味で普通なのです。スパイは何者にでもなれるからカッコいいのです。

弱者の答え 34

個性と奇抜さを捨てよう。

入身とは相手とセックスできる心の距離に入ること。

▼不用心なときにしか侵入しない

興奮している象は、止められません。興奮した犬の群れも同じです。興奮している相手を抑えるのは簡単ではないのです。まず、興奮を取り除き、落ち着かすことです。

落ち着かなければ、何も聞いてもらえません。相手がリラックスして油断するまでは行動しても無駄です。バババッと急ぐだけが潜入と脱出ではありません。油断しているところをスーッと歩いて出入りできるのがスパイです。ルパン三世は油断させる達人です。ル

下半身から家族になる

相手に寄りかかることなく、股を相手に入れていき、足を相手の後ろに運んでいく。腰が抜けるように相手は崩れる。

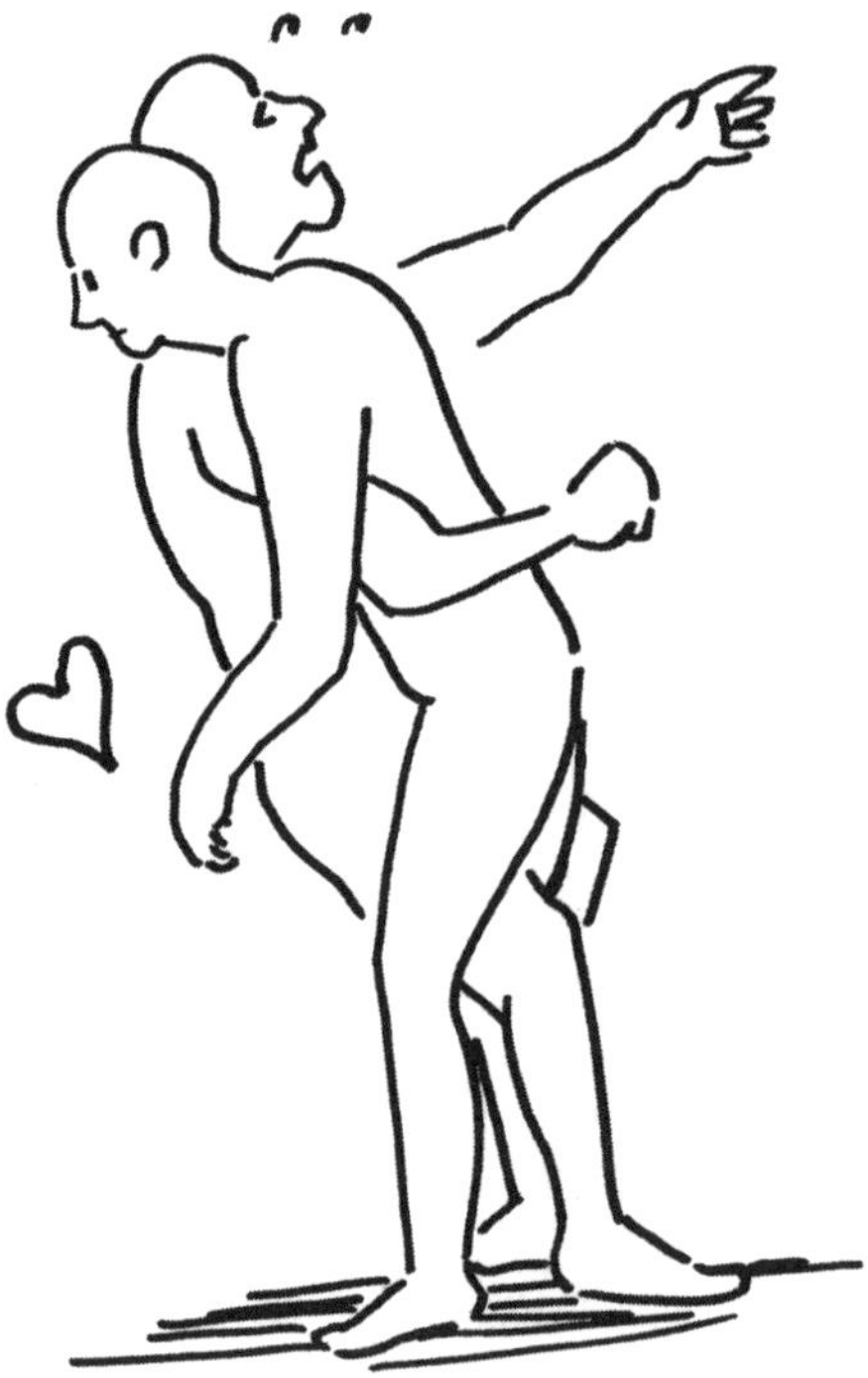

パンは都合のいいように銭形刑事のフリをして警察や悪党を操るのです。

相手に目をつけられるというのはロックオン状態です。なぜロックオンされているのかというと部外者だからです。動物は違和感があれば、防衛本能から対象を捉えます。身内であったり、自分の身体の一部であればそれは起きないことです。

家族であれば、ロックオン状態で見られることもありません。家族は家の鍵ももらえ、

❶❷手首を掴まれたその「手」で自分の反対の手首を掴む。❸自分を掴むとは「相手の手となり、相手を助け、相手の一部になっている」。このときの自分の「腕」は、（手に向かって）相手を「押し崩す」動きをとっている。

住むことも人を呼ぶこともできます。家族でもないのに土足で踏み込むので逮捕されます。家族でもないのにドアノブに触るから警報機が鳴り、通報されるのです。

夫婦とは、血のつながりのない他人です。他人だからこそ家族になっていけるのです。そして家族になることで相手の思考がわかります。妻は旦那の下心はお見通しです。旦那のスケベ心は、恋人から妻になると勝手に見えてくるのです。結婚するとお神（かみ）さんになるからです。内緒にしていることも、神には見えます。面倒になるので本人に伝えていないのです。

お上になれば向こうの手が見えるのです。スパイの仕事は敵のファミリーに加わることです。入身も、和合も、潜入も家族になれるかどうかです。

弱者の答え 35

まず愛人になろう。

アウェイ理論——自陣を捨てる「歩」になろう。

Chapter 8

将棋の魅力は成金にある。

兵法の本質はゲームが教えてくれる

将棋は王を守るゲームですが、同時に相手の王を仕留めるゲームです。自陣の王の役割は、敵陣の王を捕まえることではありません。王は自分が生き残るために自ら逃げることが仕事です。王以外の駒を使い、攻めたり守ったりするのが将棋です。特に駒の中でも一番役に立つのは「歩」の駒です。

将棋の面白さは「歩」の使い方にあります。歩は相手の陣地に入ると金(と金)になります。歩はワンターンで1マス前だけにしか動かせない地味な駒です。しかし、敵陣に侵入した瞬間に金と成り、前後左右、斜め前に動けます。9枚ある自陣の歩は偽装作戦で、本当は9枚の金なのです。

実は他の駒も相手の陣地では金の駒に成るものばかりです。将棋は金が2枚というのは

誰しもが金の卵
アウェイに出れば出世できる

将棋の駒は、敵陣に侵入できれば、ほとんどの駒が金の駒と同じ動きができる成金となる。つまり、潜在的にすべての駒は「金」である。

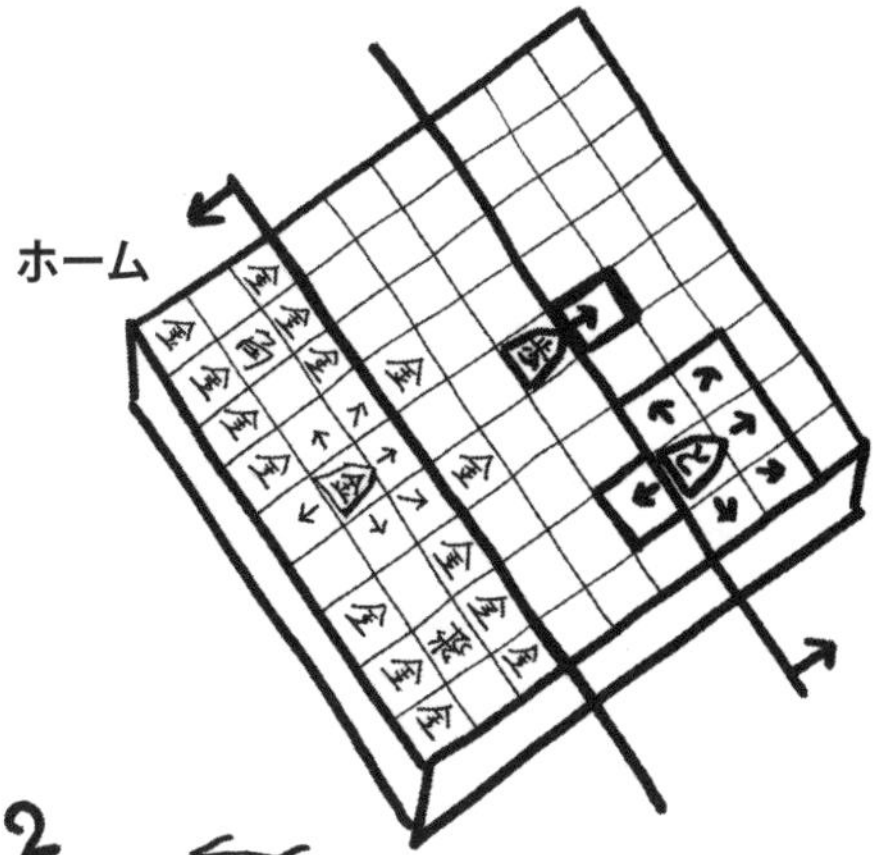

将棋は戦い方の真理を記述したボードゲーム。敵のアジトに歩兵が１人潜入すれば戦況は変わる。
❶守衛を掻い潜り、❷アジトに潜入できるスパイが、❸戦争では貴重な戦力となる。

偽装で、本当は金ばかりの布陣です。歩を含めれば合計11枚、銀・桂・香の駒も含めると17枚が金なのです。最初から17枚の金を持っているということです。歩も含め、みんな金のタマゴなのです。

▼ホームで拗ねていると、出世できない

金のタマゴが金になる方法は決まっているのです。アウェイ（敵陣）に潜入することです。イニシエーション（通過儀礼、成人の儀）とは、ホームではありません。アウェイに出向き、生きて戻ってくることです。ホームにいるのは、とうに冒険をやめた精神的なオジサンです。

自陣にいるのは出世や成長、変化を止めた者たちだけです。「守るものがあれば、留まる選択をする人もいる」それだけです。しかし、成長や変化はホームでは残念ながらできません。歩であるからこそ、成長と勝機は敵陣にあるのです。歩が自陣にいても出世はありません。アウェイに行けば、誰もが成金になるチャンスがあるのです。

弱者の答え 36

ホームではなく、アウェイで暴れよう。

掻き回して侵入する。ジリジリと潜入する。

▼困難なときほど、活路もチャンスもアウェイにある

人はつい自分の居心地の良いところのほうが戦いやすいと思ってしまいます。自陣にいたほうが動きやすいとは戦争の本質ではありません。実は、敵陣に侵入・潜入したほうが動きやすいのです。暴れるのは自分の陣地ではなく相手の陣地でやるものです。だからこそ戦争の難しさは敵陣に潜入することにあります。

何にでも立ちはだかる壁というものがあります。今、壁にぶつかっている人は、まだ自陣「ホーム」にいるのです。壁を超えるとは敵陣「アウェイ」に行くことです。これまで

の自分を捨て、別の自分と出会うことなのです。これまでの自分にこだわっている人は成長も変化も見えません。壁とは頑固なこれまでの自分自身のことです。

自陣を捨てて、敵陣を超えることができるか。それは自分という壁を捨て去ることができるかなのです。自分にこだわらなくなって、誰にでもなれる誰でもない存在。我を捨てて敵にもなれたとき、壁は目の前から消え潜入を実現させるのです。一歩ずつでも「歩」は敵陣に進めておくのです。

▼身体感覚より影響力があるのは、ゴールイメージ

サッカーはボールという武器で敵陣の王を討つ戦争ゲームです。自分チームのエリアでパスを回しても面白くありません。相手エリアで敵陣を掻き回すパスが面白いのです。そうやってゴールエリアを突破されるとハラハラします。サッカーの魅力は王を討つゴールシーンに集約されます。自陣で身体操作するだけでは、勝ちにはつながらないのです。

追い詰めるとは、相手のエリアに近づきゴールを狙う行為です。嫌なドリブラーとはボールを見て走ってくる人ではありません。ボールよりも、ゴールを見ながらボールを触って

追い詰めるとは、
相手のエリアに近づきゴールを狙う行為

相手のいないところで、ボールを見ながらボールを触るのは、シャドーボクシングと同じ練習。ペナルティエリアで、ボールではなくゴールを見てボールキープすることが、相手に心理的負荷を与える。

いる人です。究極、ゴール（侵入）ができなくてもいいのです。敵陣のゴールに近づくだけでメンタルを崩せるのです。一歩一歩前に進むことで相手にしっかりとプレッシャーをかけられるのです。

弱者の答え 37

「と金」になるためゴール（敵陣）に近づこう。

よそ者が鍵を開けるのは簡単ではない。

▼鍵を手に入れる1人になれば成功できるし、成功させられる

外側から玄関ドアを開けるには、鍵が必要です。ドアの前にたくさんの人が並んでいても意味はありません。大勢でドアノブを掴んでも意味はありません。どれほどの人の数がいようと、鍵を持っていなければ誰も入れないのです。鍵を持っている人間は1人でいい

のです。鍵を持つ1人がいれば、他の人は鍵を持たずに入れます。

鍵がないのに開ける方法は、簡単ではありません。泥棒のようにピッキングをするか、大きな力で壊すかです。しかし、簡単にピッキングできて簡単に壊せるドアは安全ではありません。危険な場所なら、鍵なしでは簡単には開かない玄関を用意するものです。それでも鍵がなくても開けるチャンスはあります。

▼鍵の代わりに、肩書で開けてもらう

鍵がなくても簡単に開けることができるのは内側からです。内側からドアを開けるには、サムターンを回すだけです。鍵も、ピッキングも、蹴破ることも必要ありません。指2本を回す力でロックが解除できます。ドアの内側のサムターンを回す仲間を部屋の中に忍ばせておいたかです。

敵陣に侵入するのはたった1人でいいのです。潜入するたった1人は、地味で目立たない者が選ばれます。スパイは存在感をパッと消せる顔も覚えられないような人間に向いています。それでいて向こうに信頼されるハッタリで入ってしまうのです。

屈強な大男が大人数で潜入するのはナンセンスです。指で回すサムターンに力はいりません。必要なのは、度胸、工夫、タイミングです。結局は、冷静さと頭脳と予測がすべてなのです。

仲間たちは敵陣の外で待って、機会を見て突入する準備をとるだけです。侵入した1人が敵陣の内側からサムターンを回す機会を待ちます。このサムターンを内側で回す役割に歩兵が1人。歩兵が侵入できるように掻き回すのに歩兵がもう1人。どちらも「歩」の駒のことです。ところがこの歩は実際には「金」の駒なのです。戦争中はスパイが必要なのです。

弱者の答え 38

勝利のために内側からサムターンを回す奴になろう。

我々は、ここから飛び出すために生まれてきた。

「天使が大真面目に人間を演じている世界」と考えたほうが楽しい

生きていくとは、生き残ることです。生き残る方法は「ここから脱出するか、あっちに侵入するか」です。「ここから出たい。あっちに何とか潜り込みたい」欧米人の考える自由や夢とは、そんな切実な思いが込められています。精神的に生きていくとは、心の底で渇望することです。俺は「こんなもんではない」と感じることはセクシーなのです。

私たちは、この世に閉じ込められた天使です。本当は天使なのにわけあって産み落とされてしまったのです。「理由や意味は死ぬときわかるから、それまで修行しとけ」と故郷を追い出された天使が私たちの正体です。私たちが「ここには居場所がない。脱出したい。これが本当の自分ではない。天国に行きたい」と本質的に願い、そのことで悩むのは当然なのです。本当は天使なのに、周りが別の誰かを演じさせる世界に来たのです。

行き場がないと思うのは必然であり、ではどこに向かうかが修行なのです。私たちは地上の天使として生き残る権利があります。生きていくとは、自分の居場所を求め、踏み出すことなのです。脱出することが、生きていくカタルシスです。潜入することは、この世のエンターテインメントです。

▼この世に、地上の天国を作っても良い

冒険とはホームに居続けることではありません。冒険とはホームを抜け出すことであり、アウェイに潜り込むことなのです。自由に飛翔するとは、本当はアウェイに潜り込むことなのです。みんなで一緒に出かけたら、それはアウェイではないということです。1人で夜行列車に乗り込んで、地元から脱走するのが冒険なのです。みんなでゾロゾロ飲み会に行くのは、修学旅行レベルです。2人っきりでこっそり抜け出すからドラマが生まれるのです。

常識、世間、多数というところにはクリエイティビティは生まれません。「みんなはど

う思う？」「民意」という部分に色気はありません。そこには天国はありません。人間をやめていないからです。この世では、「人は皆、人並みであれ」とやるのです。

天使に戻らないよう監視する社会がこの世です。この世を脱出するには、そっと抜け出すしかありません。人の活路は、この支配された現状から抜け出すしかないのです。アウェイを見つけることです。そこに地上の楽園があります。

成功する方法が見えない理由は、権威や常識とゾロゾロ歩いているのです。アウェイでしか本当の自分には会えないのです。本当のなつかしさは、ホームにはありません。本当の自分自身とは、人ではありません。冒険をしなければ「神性」に出会えないということです。

弱者の答え 39

人間をやめて、あいつは宇宙人だと呼ばれよう。

成長とは、経験とはアウェイ。現場はアウェイのほうが多い。

緊張した数だけ成長できる。緊張感に慣れた分だけ成功できる

私たちはいつだって成長できます。一方で成功することは、レアケースです。成長の積み重ねは、レアではありません。成功に関係なく、成長はできるのです。なぜなら、成長するとは「現場に出る」ということだからです。

現場に出続けることでしか成長できないのです。現場に出て、打席に立って、経験を積んでいく。これが成長というプロセスです。現場とは、ホームではありません。ホーム感では成功できても、本当の意味での成長はできないのです。

体験は誰にでもできることです。しかし、経験は誰にでも起きることではありません。経験を積むとは、アウェイを感じるような体験のことだからです。居心地の良さがその人

を強くするわけではありません。どこか居心地が悪い、自分ではない場所が自分を強くするのです。

私たちは居心地が良くなる度に、居場所を新たに求めるのです。それは根源的に枯渇し、強く欲するものです。学び成長できるアウェイという冒険のプロセスを渇望するのです。成功するほど、成長するほどアウェイを求めます。私たちが活躍し、クリエイティブになれる場所はハードなところです。

相手に手首を取られたとき、相手は自らの脇の下に侵入しているこちらの左手を気にかけていない。❶相手が見張っている自陣（体幹）から動けばすぐに察知され、動きを止められてしまう。❷❸そこで、すでに敵陣に侵入できている手先をサムターンを回すように内側から鍵を解除するとドアノブ（手首）を持ったまま相手は動かされる。

▼事件と事故が道を作っている

やったことのないこととの出会い。うまくいくのかわからないものとの出会い。けっして得意ではないものとの出会い。味方が少ない環境への出会い。これらが旅の中で根源的に求めている出会いなのです。

そもそも私たちが出かけていくところとはホームではありません。世の中に出ていくとは、アウェイなのです。自分を試していくとは、アウェイなのです。学ぶとはアウェイなのです。壁を超えるとはアウェイなのです。伝統に挑戦するとはアウェイということです。歴史を超えていくとはアウェイです。開拓者とはアウェイに行くことなのです。

すべての出会いとはアウェイなのです。すべてのチャンスはアウェイにあるということです。出会いがない、チャンスがないという人は、ホームにいるのです。本当の出会いとは、今の自分を変える人と会うことです。

どんな困難な時代にもチャンスはあります。チャンスとは、その人にとって事件なのです。事件はホームでは起きづらいのです。人は事件や事故を通過して成長し、成功していくのです。

人生は旅、旅とはアウェイ

弱者の答え 40

事件のある現場に出よう。

腕でブロックしているように見える動きも、腕ではなく、相手エリアの空間（アウェイ）に潜入した手先から力を使うことで内側からドア（相手の身体）を簡単に開け閉めすることが可能だ。❶自分の手先や足先は「歩」であり、アウェイでは「金」となる。相手の身体ではなくアウェイを目で見ていることにも注目してほしい。❷❸身体ではなく空間を見ているのだ。アウェイからホームに向かって螺旋を描き崩している。生き残るには潜入して脱出することだ。

Chapter 9

外側理論―自陣を持たないスタイル。

寅さんの魅力は、帰るところがないところ。

▼帰ってきたところで、居場所がないのがホーム

『男はつらいよ』という哀愁がテーマの下町人情映画があります。ヤクザな男「寅さん」が、カタギの家族の家に戻ってくる話です。寅さんは一発当てたくて、テキヤとして全国を旅するロマンチストです。母親の違う妹の顔が見たくて地元に帰ってきても、馴染めないのです。仲良くしようと、役に立とうと、認められようとしても空回り失敗します。

「俺はしょせんヤクザものだから」という心と、「どうせお前はヤクザものだ」という地元の人の心が、どこかガサガサと胸につっかえてくるのです。哀愁とは、孤独や寂しい様のことです。

「男はつらいよ」とは、地元に帰るとつらいし、出ていくのもつらいんだというサビた心情なのです。異分子として浮いてしまう馴染めない主人公が、馴染もうとして失敗する。

恥ずかしい気持ちを隠すように、寅さんは書き入れ時のタイミングで立ち去るのです。自分の存在は、家族の汚点だと思っている。だからこそ、生まれ変わりたい。認められたい。これは映画の主題歌でありテーマです(居場所がない。それがヒーローの条件です。シェーンも、マッドマックスも、寅さんも同じです)。

孤独とは、居場所がないということです。夢と孤独がセットになって、見ている側は主人公に魅力を感じるのです。

主役とは高い理想があるからこそ馴染めず、孤立し、旅に出ていくのです。帰るところというのは、いつまでも居ていい場所ではないのです。

▼主人公は、ホームに長居してはいけない人種

すべての悩みの8割は人間関係で、深刻な悩みほど身内のトラブルです。一緒にいられない人と、一緒にいることの悩みなのです。原因は、本音を言い合う関係にあります。本音を言われたら居られないのです。「それを言っちゃあ、おしまいよ」。寅さんが旅立つ前に放つセリフです。

劇中でタコ社長やおいちゃんは寅さんに「厄介者」と告げちゃうのです。「お前がいると迷惑なんだ」とは本音です。しかし、迷惑をかけないで人は存在し合うことなんてできません。『男はつらいよ』には、人間関係の鋭い洞察が描かれているのです。

人は居場所を求めます。居場所がないなら出てしまえばいいのです。居場所を見つけるための旅人になればいいのです。寅さんは、地元に帰ると力を抜くことができません。実力以上の何かを見せつけたいと力んでしまい、結果が出ません。何かと躍起になって意地を張って失敗してしまうのです。

こんな寅さんを「本当にばかだねえ」とおいちゃんは片付けます。ほとほと呆れているのですが、それでいいのです。家族の前だとリラックスできず、カッコつけては失敗し、空回りするのです。身内の前でカッコつける必要なんてありません。カッコつけるから愛されるわけではないのです。カッコつけようとして失敗しても愛されるのです。

身内を呆れさせてしまうレベルは、もう壁を越えています。寅さんの映画の魅力はすれ違いです。無理と無茶しているので、自分が認められていると気づけていません。地元ではくつろげず、結果を出せなくてもいいのです。ヒーローは、家でヒーローになるのではありません。ヒーローは、家の外でヒーローなのです。

弱者の答え 41

おじゃま虫は、旅人として生きよう。

イーサンもボンドもルパンも、暮らす家はない。

▼足跡を残さない生活

怪盗ルパン三世は、家族と暮らしていません。そもそも家族という存在が希薄です。それだけではありません。実は初代の教えに従い、人に合うときは顔も声も偽っているのです。つまり、次元ですら、本当の声も素顔も知らないのです。そして、知ろうとしない関係です。踏み込まない関係の調和がチームルパンにはあるのです。

チームルパンの住処はアジトです。アジトと言ってもボロボロの仮設アジト。有名になることが目的でもなく、人に知られず休息と作戦を立てるのです。サバイバーは基本的にどこでも寝れないと生き残れません。ジェームズ・ボンドも怪我や酒で調子悪くても仕事しないといけません。家族や家の代わりに、戦友とアジトがあるのです。

銭形刑事もルパンを追いかけ、家や家族を捨てています。不二子にも家がありません、野心のために権力者の懐に忍び込みます。ジェームズ・ボンド、イーサン・ハントも生活感を捨てています。ライフスタイルと生活感は違います。スタイルとは大切なものを絞り、生活感を削ぎ落とすことです。

▼帰れなくても、生きていく

スタイルは自分という存在を残さないようにすることです。自分という存在は、仕事という形で残していくという考えです。スタイルがある人は、常にどう生きていたいのかがあります。そこがあれば関係ないものは潔く捨ててしまうのです。所有しているものが少ないのがスタイルなのです。

ダニエル・クレイグ版のジェームズ・ボンドのリアリティーは孤独感です。寝床となる家はほとんどバイトの休憩所のレベルなのです。明かり一つで、引っ越し前のように何もありません。何なら刑務所にいるのと変わらないのです。誰が住んでいるのかわからないのが究極のスタイルなのです。

弱者の答え 42

倉庫で暮らすか、アジトで作戦と仮眠をとる人生かを決めよう。

中心がなければ、フットワークは軽い。

守ると遅い、捨てると速い

フットワークの軽さは、メンタルの差です。メンタルの差とは、その人が「背負っている量」でも決まります。「大事にしているもの」が多いほど動けなくなるのです。無理や無茶ができなくなる理由は、決まっています。あれもこれも守っていると、気楽に動けないのです。

守りに入れば遅くなるのです。守るものが少なければフットワークは軽くなります。日本は守りに入るので、世界的にあらゆる分野で遅いです。中国の突き抜けたスピードは、突き破っていくところです。あらゆる面で守っていかない。型破り、掟破り、ルール違反です。歴史が古いのに、歴史を壊すのもとても軽いです。クレームをもらいながらでも、確実に成長させていく強さがあります。

▼家にあるのがお出かけグッズか、引きこもりグッズか

自由人は家にいません。不自由な人が、家にしかいないのです。自由人は職場にもいません。出かけているのです。フットワークが軽いので移動しているのです。アジトにあるのは、ステイホームグッズではなく、お出かけグッズです。チャンスとの出会いを大事にしています。

ハリウッド映画とは、フロンティア精神「お出かけの物語」です。家にいると狙われるので、さっさと家から出るのです。家に守るものがあれば、家の外に持って出かけます。

自分の家をすぐに出るのは、けっこう面倒くさいものです。家に財産が多い人は、フロンティア精神を忘れてすぐ殺されてしまいます。

自分を定義するものが家に多すぎて、フットワークが重いのです。常に家にいるのかいないのか、わからないような人は殺されません。帰ってくると家が荒らされているけど、失う物も少ないのです。例えばある権利を握っている人は、家のものを失っても平気です。自動的にお金が銀行に振り込まれ、資産は物ではないからです。失って困るものが少ないのが真の自由人なのです。

弱者の答え 43

家の大きさより、移動やアイデアの量で生きよう。

外側があるから、中心は生まれた。

「私」は、場がなければ計測できない

記憶を失ったら「ここはどこ、私は誰」と確認します。最初にくるのは「私」ではありません。それよりも「ここはどこ」が大切なのです。私たちは位置（どこ）がわからなければ、自分を定義できないのです。宇宙では自分よりも、自分をとりまく環境が先に存在しているのです。

点とはそれ自体では、計測できません。点と点がつながって、はじめて計測できるのです。自分がいても、自分を測ることができないということです。自分の周りに存在する何かがあって、やっと自分を定義できるのです。自己とは、この宇宙の「ちっぽけ」な存在です。どのくらい「ちっぽけ」かといえば、宇宙の点にすぎません。それ自身では、計測すらできない「ちっぽけ」な点が私の正体です。「どこ」がなければ、この「私」は存在して

いないのです。中心とは、それ自身で計測のできない点なのです。周りがあるからこそ、環境や空間があるからこそ、中心があるのです。

すべての中心は、先に存在しているのではありません。中心は、中心以外があるから認識できるのです。円ができれば、中心は自動的に生まれます。円の半径がわかれば中心もわかります。中心は生まれるもので、作るものではないということです。

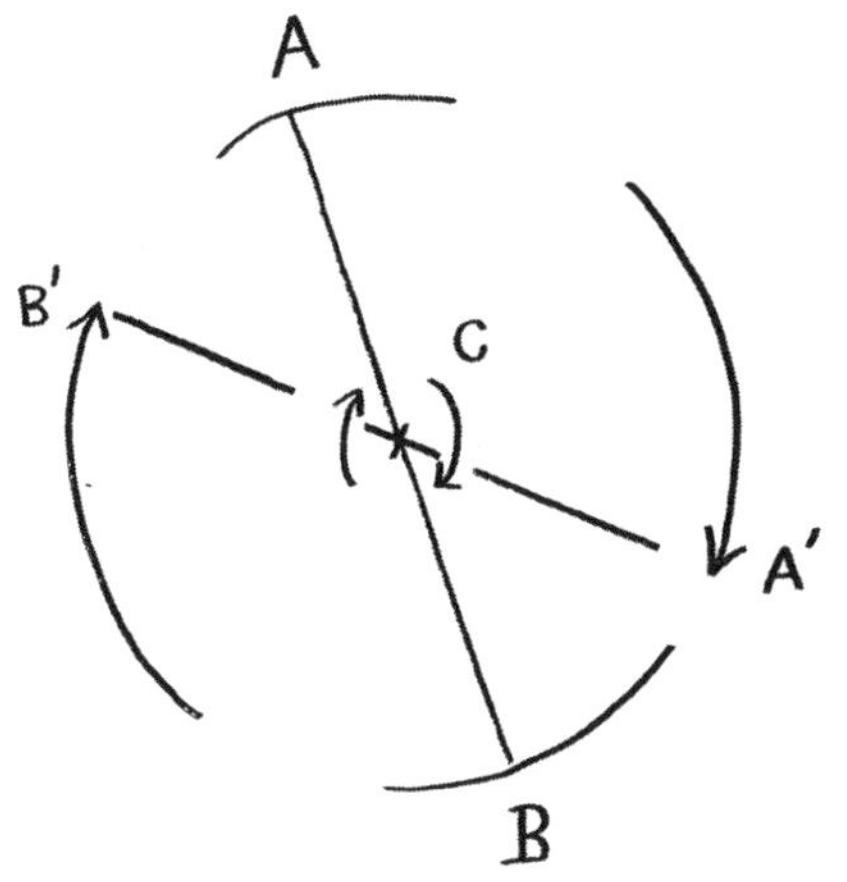

AとBが存在すれば、中心Cは潜在的に発生する。AとBが回転するとCが生まれ、Cの周りも回転する。

▼はじめに「私」以外があった

あなたが「どこ」にいるのかが、誰かにわかればあなたは存在します。あなたが「どこ」にもいなければ、あなたは存在しないのです。あなたが存在するのは、あなたが「どこ」にいるかわかっているからです。私たちは、独自に存在していません。円（縁）が存在し、その中で自分たちを見つけているだけなので

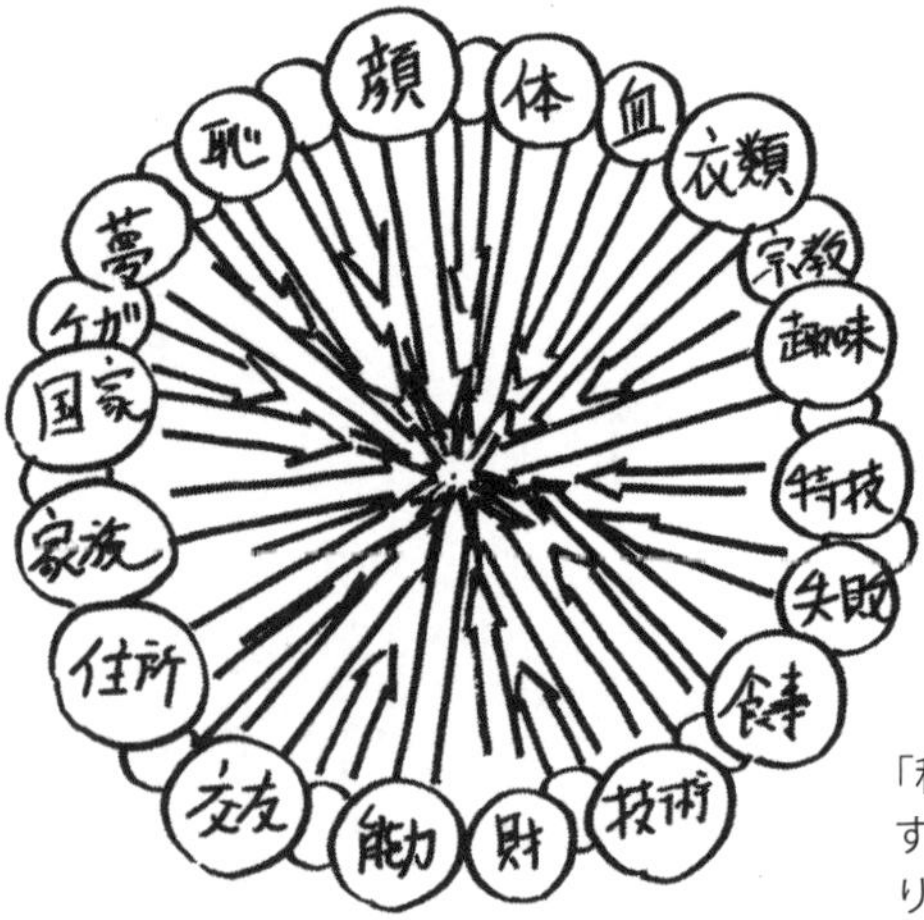

「私」とは、私を構成する要素とのつながりによって存在する履歴書に近い。

す。自分じゃない世界とのつながりで、自分たちを認識させているのです。

宇宙は中心があって、そこから爆発していると考えているのは勘違いです。爆発をしたからこそ、中心がどこにあるのかを定義できるのです。宇宙は膨張し続けることで、今も中心を生み出し続けています。時間が進むほど、ビッグバンはわかってくるのは当たり前なのです。外側が大きくなるにつれて、過去という中心が定義しやすいのです。

中心から働きかける必要はありません。外側に働きかければ、内側は決まってくるからです。環境が変われば、あなたは変わります。外に働きかけたエネルギーが、内側を変えるのです。中身は「変わっていくもの」で、中身を「変えるもの」ではないのです。私たちができるのは、外側に働

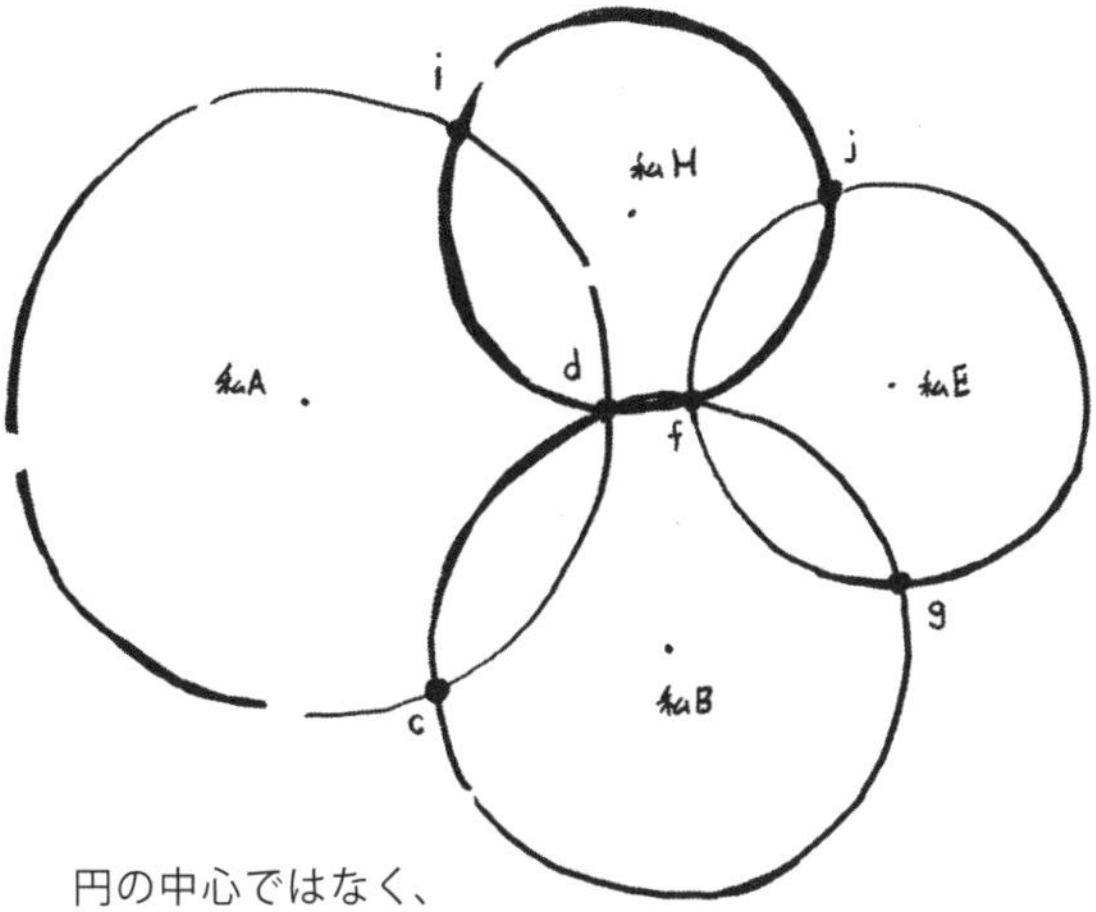

円の中心ではなく、
円のフチで人は交
わっている。

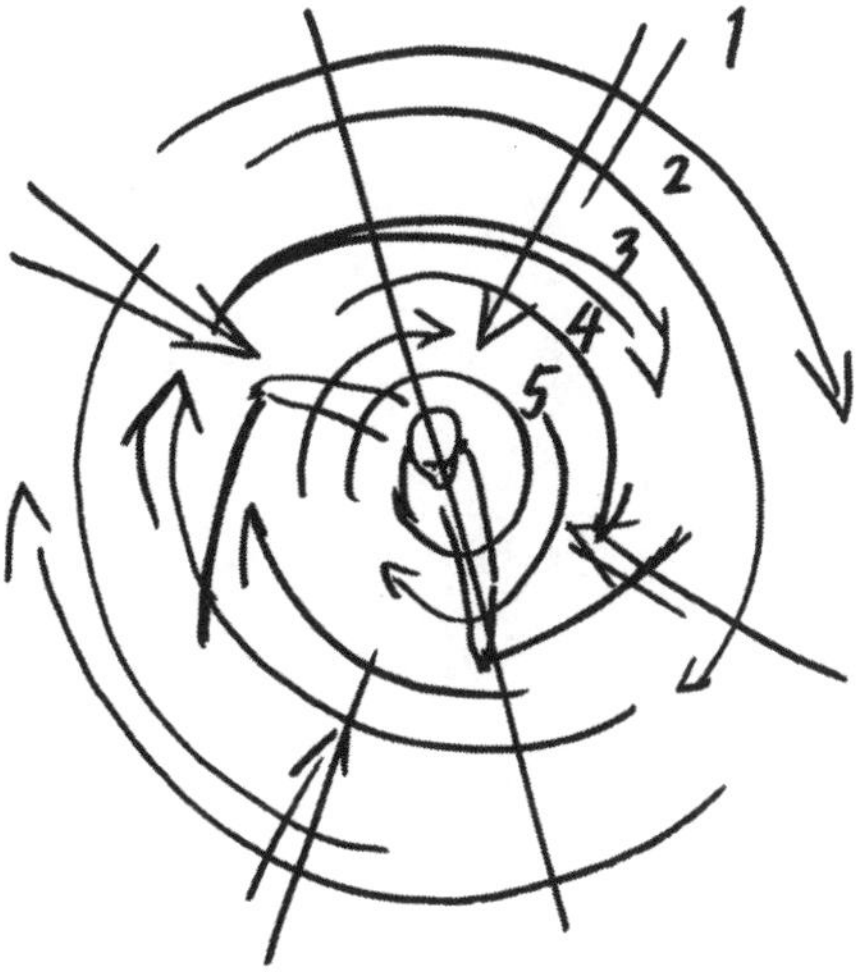

剣であれば、重さデザインによって導かれる剣筋に
よって、自然と剣さばき、体さばきは生まれる。

きかけることです。あなたが見る景色が変われば、あなた自身は自動的に変わるのです。人が変わる方法は、景色の違う他所（アウェイ）に行けばいいのです。

弱者の答え 44

自分を変えるより、自分の景色を変えよう。

モップは見えない物理を説明するため可視化したもの。❶相手に手首を取られた場合、それに対して自分の体軸を回すのではなく、モップの柄を中心（軸）に自分の身体で円の外周を表現する。❷すると円の反対側の相手は、外側から中心に向かう渦に巻き込まれる。外から動けば勝手に中心に変化が加わるのだ。

物も事も表面（上っ面）で動く。

中身が大事という考えには、リスペクトがない

今、生きている現実とは、所詮「仮の世界」です。今、生きている現実についての認識や評価は、暫定的にすぎません。何年か経った後に、今、起きたことの価値や意味はわかるのです。また、複数の視点や評価が加われば、意味も価値も多様化し変容します。

この世界は仮の世界であり、こうであると定義しても「仮モノ」なのです。この世は、上っ面の世界の連続であり、中身はありません。中身が何であるのかは、中身から離れた視点で変わっていくのです。

例えば、怒った顔をしていても、本当は怒っていない人がいます。怒った顔の人が、怒ったような話し方をしているけれど怒っていない。中身は怒っていないとしても、周囲の評価は常に怒っている人です。「怒っていないのに、怒った人と思われて損だ」とその人は

中身よりもラッピングで
信用を得る。

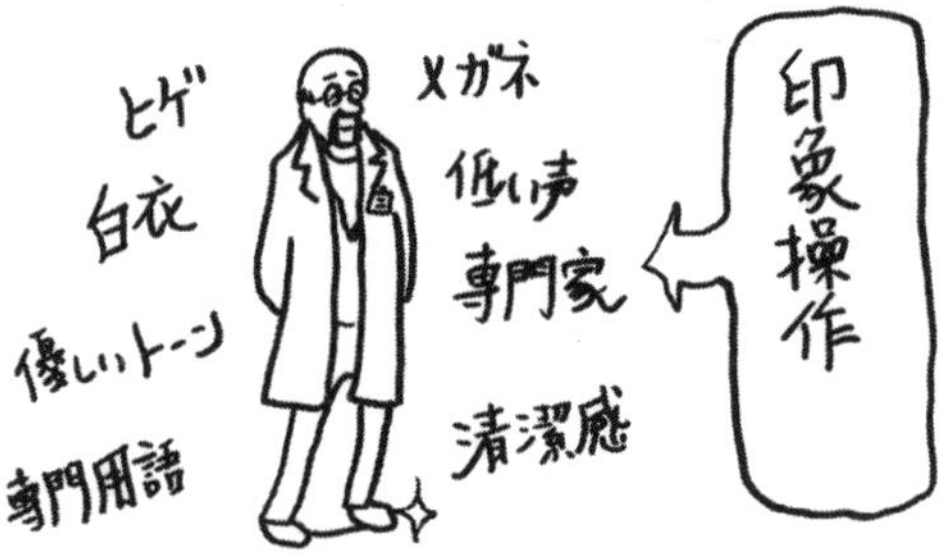

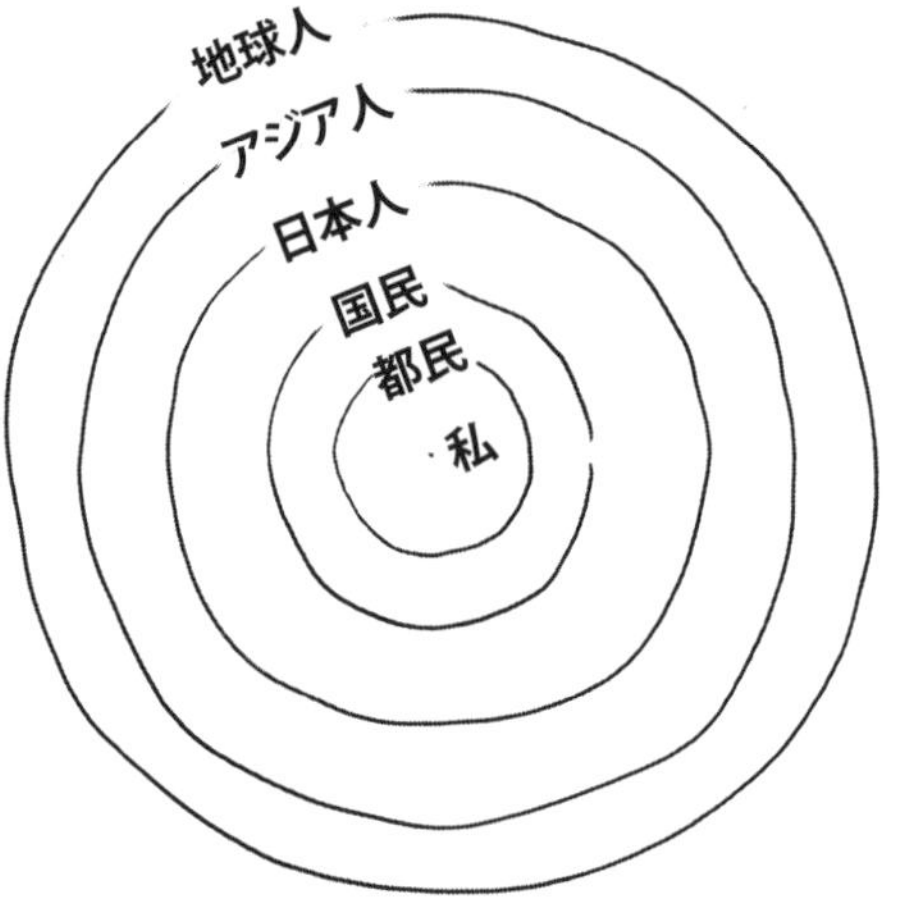

自分を構成する要素を変えることと、
自分を変えることは同じである。

言います。「わざわざヘラヘラして、怒っていないポーズも嫌だ」と言います。怒っていない意思を伝えるために「わざわざ微笑み、優しく話す」という努力をしている人たちへのリスペクトがないのです。

世の中には、同じことで損をしている人と、得をする人がいます。損をしている人は、中身やクオリティーだけにこだわる人です。得をする人とは、外側や周囲にも気をつかえる人です。周りに評価されていくとは、内容や中身の良し悪しだけではありません。内容や中身をどのように伝達していくかのパッケージングこそが大切です。中身ではなく、サービスやフォローこそが大切なのです。

中身にこだわるというのは、それに夢中である「自分」のためです。外側に気を使うのは、「周り」に対してのリスペクトです。中身にこだわりすぎると、つい周囲へのリスペクトを忘れてしまいます。相手が中身を評価してくれる関係は、そんなに簡単には作れません。相手はリスペクトされたから、その人の中身に興味を持ってくれるのです。

▼中身以外も大切にできる人が、成功する

「人は、自分の本質・内容・能力が高ければ、信じてついてきてくれる」その考え方は、物事の側面の一部でしかありません。「周囲が自分を支えてくれている・周りが自分を立ててくれている」こうした周囲へのリスペクト（受容）が、関係には大切なのです。外へ

の働きかけを見失えば、自分の行動にしか目が届かなくなります。自分が動かなければならないと思うのは、まだ凡人です。自然と周りが動いてくれる。そのように導くことが、達人への道なのです。

自分のみが動き回るのは、頑張り屋の限界です。周りを動かしていくのが真の指導者です。周囲を導くからこそ「リーダー」なのです。周りが動いてくれないのは、周囲とつながっていないのです。まず相手へのリスペクトが足りません。自ら外とつながる工夫をサボっているのです。

自己の能力を高くすることだけにフォーカスしているのです。自分を機能させるだけでゴールに近づくというのは、驕りです。自分が中心となって周囲を動かす能力が大切です。

水に渦を作るのと同じです。自分を中心に周りが回れば渦が生まれます。渦に巻き込まれるのは、周りです。自分が中心なら、自分は回る必要はありません。地上の渦を見つけたら、真ん中にいることです。渦を作りたいなら、真ん中にいる自分を回さないことです。そうやって周囲をうまく転がしていく道を探すことです。

弱者の答え 45

周りを動かして、自分の周りに渦を作ろう。

「アウェイから動くこと」と「外側から働きかけること」は同じ意味である。❶〜❸写真は、打ち込んでくる相手の拳を腰や体幹から払っているのではない。自分から離れた「手先」を用いて円を表現することで、結果的に体幹を使って自分の渦の中心に相手を巻き込んでいる。中心は動かされるように使うことだ。

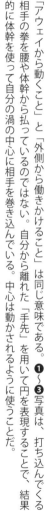

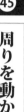

インテリジェンス―躍動性や大きさより、静けさを求めよう。

Chapter 10

武術とはテクニックだけではない。

▼武術とはテクニックだけではない

武術とは技（ワザ）の寄せ集めではありません。例えば、枝（エダ）がたくさん分かれて、やがて木になるのではありません。大地に根が張って、幹が太くなることで、木になっていくのです。技をたくさん教われば、上達するわけではないということです。養分を吸収し根を深く張り、幹（ミキ）を育てることが大切です。

見える動きや名前のある技は、武術の建前にすぎません。これは武術以外のものでも同じです。本当に大切なものというのは肉眼では見えないのです。想像力を通して技の中から感じ取るものなのです。技（テクニック）の中には術（コンセプト）があります。オバケと同じで、想像しなければ感じられないのです。

▼インテリジェンスこそが年齢を超えられる力

多くの人が武術に求めるものは、ハンデを乗り越える力です。年齢や性別、体格差や体力のハンデを乗り越える知恵を求めているのです。知性や才覚で乗り越える能力をインテリジェンスといいます。本来、武術とは教養がものを言う世界です。伝統と経験、歴史とは立派な教養であり、インテリジェンスです。インテリジェンスとは見えない力です。武道は、経験と歴史でハンデを埋める不可視な科学なのです。

経験とは、過去の情報から一瞬で精査し答えを出すインテリジェンスです。武芸は経験から生まれた歴史を学ぶ場であり、様式作法を学ぶのはその言語体験を学ぶための一般教養でしかありません。ハンデを超える経験や歴史というインテリジェンスを吸収できなければ、いくら技を多く学んでも達人には近づけないのです。

逆に経験や伝統のせいで、若い人が台頭できないこともあります。若い人が経験を超えていくにも必要なのがインテリジェンスです。様式美だけで形骸化したものは形式的な儀礼がほとんどです。そうしたものには、もうインテリジェンスが残されていません。

若さに勝るにはインテリジェンスです。そしてベテランに勝るにもインテリジェンスな

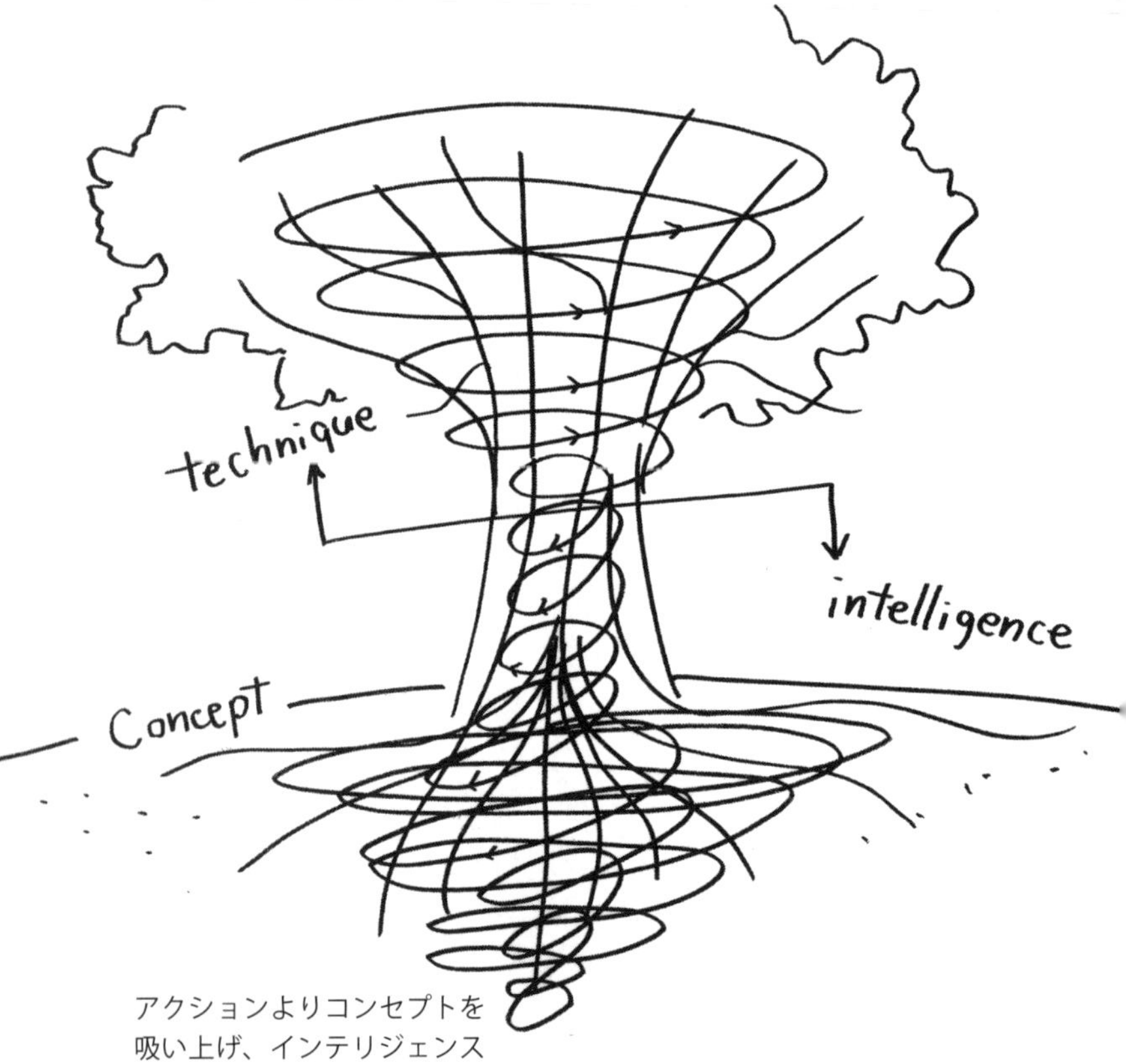

アクションよりコンセプトを
吸い上げ、インテリジェンス
を育む。

のです。34歳の若手だったイーサン・ハントは、22年間で56歳のベテランに。6代目ジェームズ・ボンドは初演からすでに12年は経っています。若いときも、老いてもなおスマート（賢い）なのです。

学んだ技にインテリジェンスが入っているかどうかです。外国人が武道に求めているのは知性です。知性に裏打ちされた強さを求めています。

インテリジェンスがあれば、技の名前もいりません。インテリジェンスさえあれば、すべては技になるのです。

弱者の答え46

技ではなく知恵を盗もう。

武術にはフォースが大切である。

▼見える力では、ジェダイ・マスターにはなれない

映画『スター・ウォーズ』の世界観で重要なものがフォースという概念です。見えない魔法のような力を使いこなしている人物は、手をかざすような仕草や目を閉じるような仕草しかしません。むしろ影響を受ける側のほうが、引っ張られたり飛んだり動きがあります。フォース（見えない力）は、自分でなく相手に反映されるものです。相手よりも自分

がよく動くようであれば、マスターではないのです。

『スター・ウォーズ』とは「人がいかに超人を取り戻し、超人でありながら人間性を保てるか」のヒーローズ・ジャーニーです。フォースとは潜在能力であり、潜在能力の解放とコントロールです。

私たちがフォースの概念にリアリティを感じるのは、それが能力開発のプロセスに似ているからです。潜在能力を引き出すには、それが「起きる・できる」と信じることです。見えない力を信じていなければ、見える力で解決しようとしてしまいます。正直、起きていないことを信じるというのは、いろいろと怖いです。怖いのは、人間が自分自身に持っているリミッターです。

人は自分で信じていない運動や行動はできません。つい想定できる結果の世界だけで生きてしまうのです。ここにはもう想像性がありません。人が想像性を捨て過去に生きてしまう理由は、すでに何かを圧倒的なリアリティで信じ恐れているからです。逆にフォースの使い手とは、起きていない未来を信じる能力があるということなのです。

▼現実よりも感じられる未来を持つ

　フォースは信じるだけでは使えるようになりません。ヨーダはルークに言います、「フォースが使えると感じろ」と。フォースの流れを読み、感じる必要があるのです。フォースを感じるとは、現実を超えるリアリティを想像することです。ヨーダは「信じないから失敗したんだ」と言います。多くの人は現実だけが真実だと思っています。信じられるだけの結果を待ってから、信じたいのです。これではフォースは使えません。フォースの正体とは信念そのものだからです。現実以外の真実を根拠なく創造できる能力が大切なのです。

　納得したり説得されたからできるものは信念ではありません。信念とは、想像力のことです。想像力とは、まだないものを観念上で生み出す行為です。これができる・できたと信じることができて、理由は生まれるのです。起こる前に起きたと感じる過去完了形思考です。自分と相手の想像力を刺激するのです。見えないものを見て信じたときに、力は生まれるのです。極意とはフォースのことです。気とはフォースのことです。

　信じなければ教わっても、技しか使えません。フォースを感じなければ、フォースは使えないのです。

弱者の答え47

テクニックよりフォースを使おう。

見えない力を信用しないとできない技がある。

信じてこそ生まれる力は、信じずには生まれない

ジェダイはもともとフォースを研究する哲学者の集まりでした。見てきたものを信じることは誰でもできることです。しかし、フォースの使い手であるジェダイ・マスターは違います。彼らは見えていない力＝「想像力」を使いこなすことを訓練した者です。信じる訓練をすることで、信念で支えられた運命を創造するのです。

フォースを操るとは、見えていないものを信じるための精神的鍛錬、知識、洞察力を鍛

えることです。例えば、身体を一気に騒々しく動かすことだけが答えではないのです。速く多く大きく動かすことは、信念で支えられた力ではありません。自分の背中を相手にくっつけることを先に想像します。そう思って背中を相手にくっつけにいく動作を始めます。これを相手に手首を掴まれた状態で行うと、相手は簡単に崩れます。問題はフォースを信じきり、静けさの中で行動できるかです。フォースよりも騒々しい力を信じてしまうと失敗します。練習とはフォースを信じるために行うのです。

本当に影響力ある波動は静けさの中にあります。調和や美とはスタティックな世界です。もちろんこの世界は様々な信号が飛び交うノイジーな世界です。それをやみくもに否定しろとは思っていません。騒々しい世界にある「静けさ」に耳を傾けることができるかなのです。美を見出すのは、騒々しさの中にこそあるのです。このような見えない「静かな力」について研究して導き出したインテリジェンスを修行して到達するのがジェダイ・マスターです。

弱者の答え 48

騒々しい力よりも、グランドマスターの「静かな力」を見よう。

地球を踏むことからはじまる。

天人地がマスターコンセプト

天地人という言葉があります。見えない力とは、まさに「天と地」の力に他なりません。本当は天地人よりも、天人地と呼ぶほうが合っています。天地の間に人が立つことでフォースは生まれるからです。宇宙と地球をつなぐ橋になることがマスターコンセプトなのです。

人はそれ自身ではイカのような軟体動物にすぎません。天地とつながり、天地の気を受けて人は完成します。天地と体幹でつながるのが人なのです。実は、直立二足歩行ができるのは人間だけの才能です。後ろ脚の2本だけで立つことができる動物はいます。しかし、膝と股関節を曲げずに立って歩けるのはヒトだけなのです。

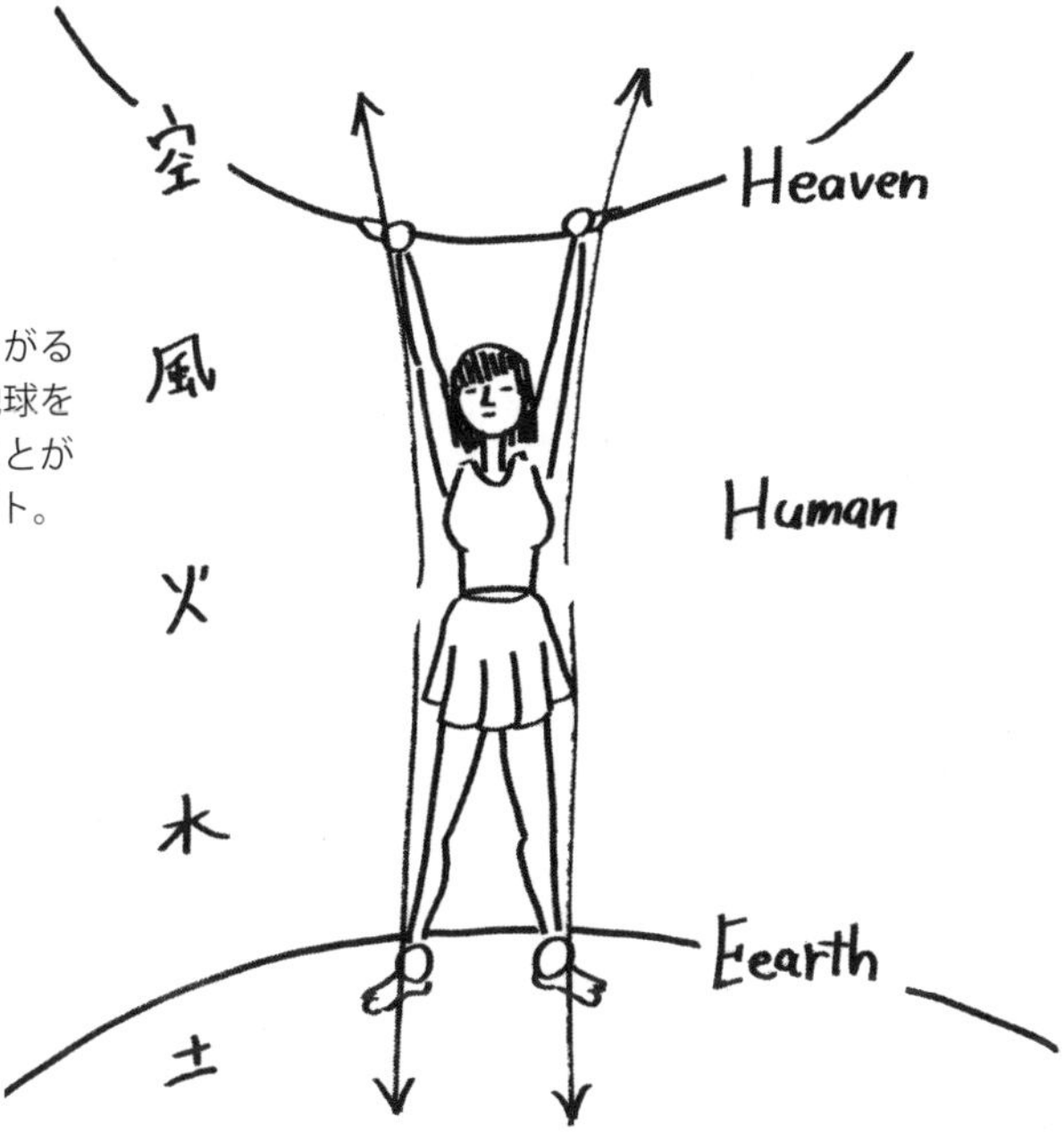

天人地

天地と体幹でつながるのが人。宇宙と地球をつなぐ橋になることがマスターコンセプト。

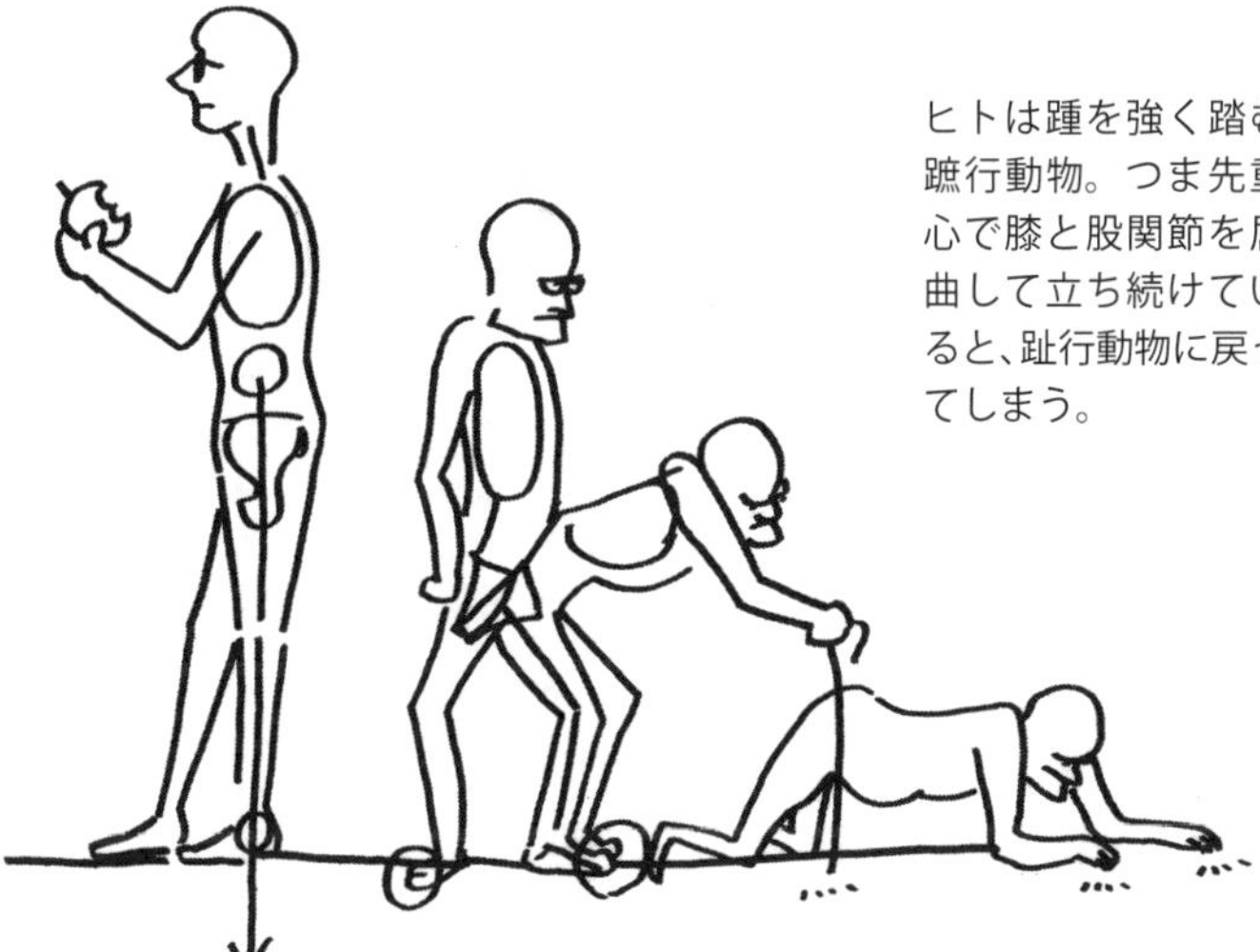

ヒトは踵を強く踏む蹠行動物。つま先重心で膝と股関節を屈曲して立ち続けていると、趾行動物に戻ってしまう。

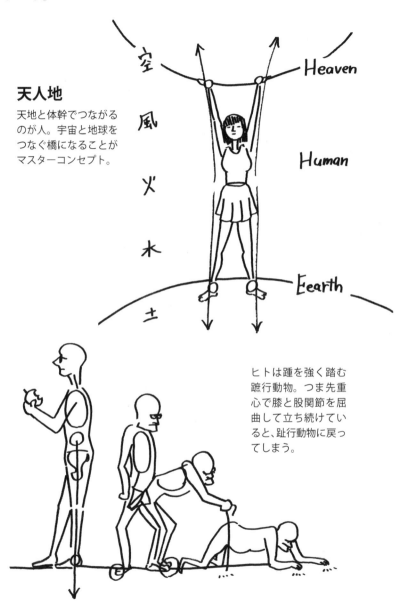

▼人間は蹠行動物だから高度な力を生む

膝を曲げた他の動物の二足歩行は非効率な運動です。このため長時間できず身体にも負担がかかります。人が膝と股関節を伸ばし長時間立って歩けるのは、踵が使えるからです。立つのが上手い動物は踵を使って地面を押し立っています。この踵を使う歩行を蹠行《せきこう》といいます。蹠行動物はヒト、クマ、パンダ、ウサギ、ネズミなどがいます。馬などはつま先で歩く蹄行《ていこう》、犬や猫は趾《あしゆび》で歩く趾行《しこう》動物です。彼らはただつま先で地面を蹴って駆け進みます。

人は蹠行動物の頂点です。私たち人間は蹴らずに、全身で踏みしめた歩行です。つま先荷重で股関節を曲げて立つのはヒトではなく犬なのです。身体を起こして踵で地面を踏みしめてヒトになるのです。

人が立っているのは上に向かうからではありません。木と同じで下に力を使うことで立っています。踏んだ力でしか人は立って進めないメカニズムなのです。立てないお年寄りは、床を踵でまったく踏んでいません。腰痛や膝痛も踵でしっかり床を踏めない人たちです。人は地面を踏まずに椅子からゆっくり立てないのです。

実は、人は地球と宇宙を全身で踏んだ唯一の存在なのです。地球を踏みしめたエネルギーは自分の身体を再び通り上へと向かいます。同時に、手のひらを上に向け両手で宇宙をすくい上げ踏ん張ります。この踏み戻ってくる力を身体に内在させ利用するのが、天人地というコアコンセプトなのです。

❶手にあるボールは落ちると床に叩きつけられ、床反力で自動的に跳ね返ってくる。❷身体もきちんと床を踏み込めば、反動で身体は引き上がる。❸その力は押さえつける相手にも届き、ボールのように弾き飛ばすこともできる。

空き缶は踵で潰します。もしつま先で潰すと、脚が内旋して力が乗りません。足が内旋の力で柔らかくなります。内旋は地面から離すときの動作です。柔らかい足では地球を押すことができないのです。踏むという力は踵で行うということです。外旋させることで足を固く使うのが踏む行為なのです。この手足の外旋は踏むための基本です。足首を外旋するだけで地球を全身で感じ取ることができます。外旋すれば地球と見えないフォースでつながれるのです。

弱者の答え 49

地に足をつけ、踵で呼吸しよう。

達人はアクティブではない。

被写体ばかり見ても盗めない

達人や超一流の人の写真を見るとすっと伸びた体軸を感じます。しかし、それだけで技の解明はできず、体現もできません。それは、被写体の身体と自分の身体を観察しているにすぎないからです。本当の力は見えない床下からやってきます。地面から身体の中を通って半自動的に相手に届くからです。ボールが床にぶつかり、その反動が結果として形に現れている画なのです。

「地面との関係性、天との関係性」を観ることが大切です。「床への圧力・それを生み出すための上半身の使い方」です。踏んだ力は、自動的に戻ってきます。この自動的に生まれるものが静かなフォースの世界です。自動的に生まれることを予見しないと、自分の力で跳ねたり押したりしてしまいます。それではまったく違うことなのです。「地球を踏ん

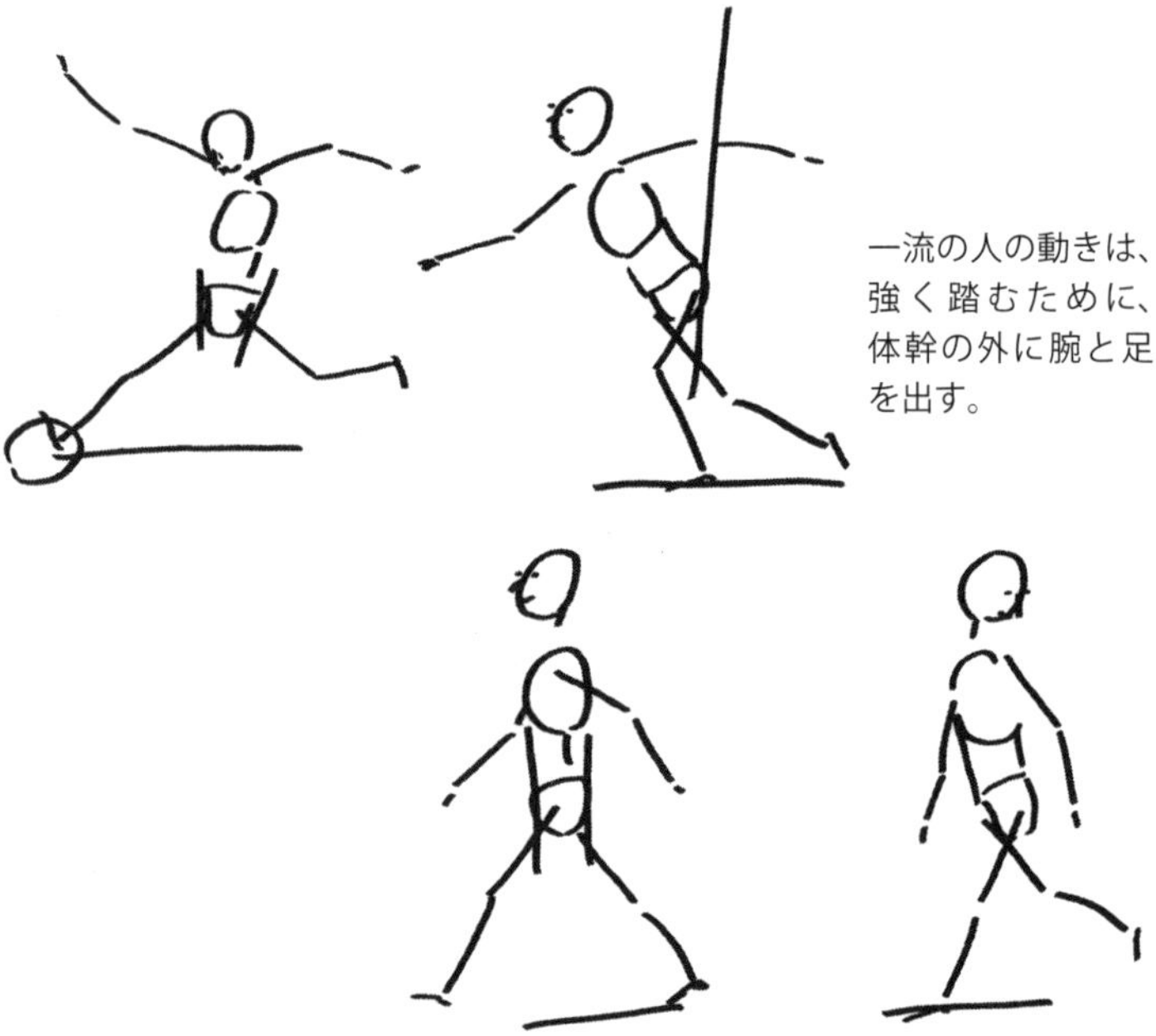

一流の人の動きは、強く踏むために、体幹の外に腕と足を出す。

で床で相手を感じる」これだけなのです。武術のコツは、無意識に使う踏む行為をいろいろと説明しているにすぎません。

床反力を生み出す構えを持てるか

一流のアスリートは、体幹の前に胴体以外を出す癖が身についています。ドリブルと同じで床反力は体の前にあったほうが弾むからです。足を体幹より広い肩幅にして立つほうが地面を踏みやすいのです。身体より前に腕と脚を出す少し偉そうな姿勢や振る舞いです。構えとは、それ自身が「静かな力」＝フォースを生

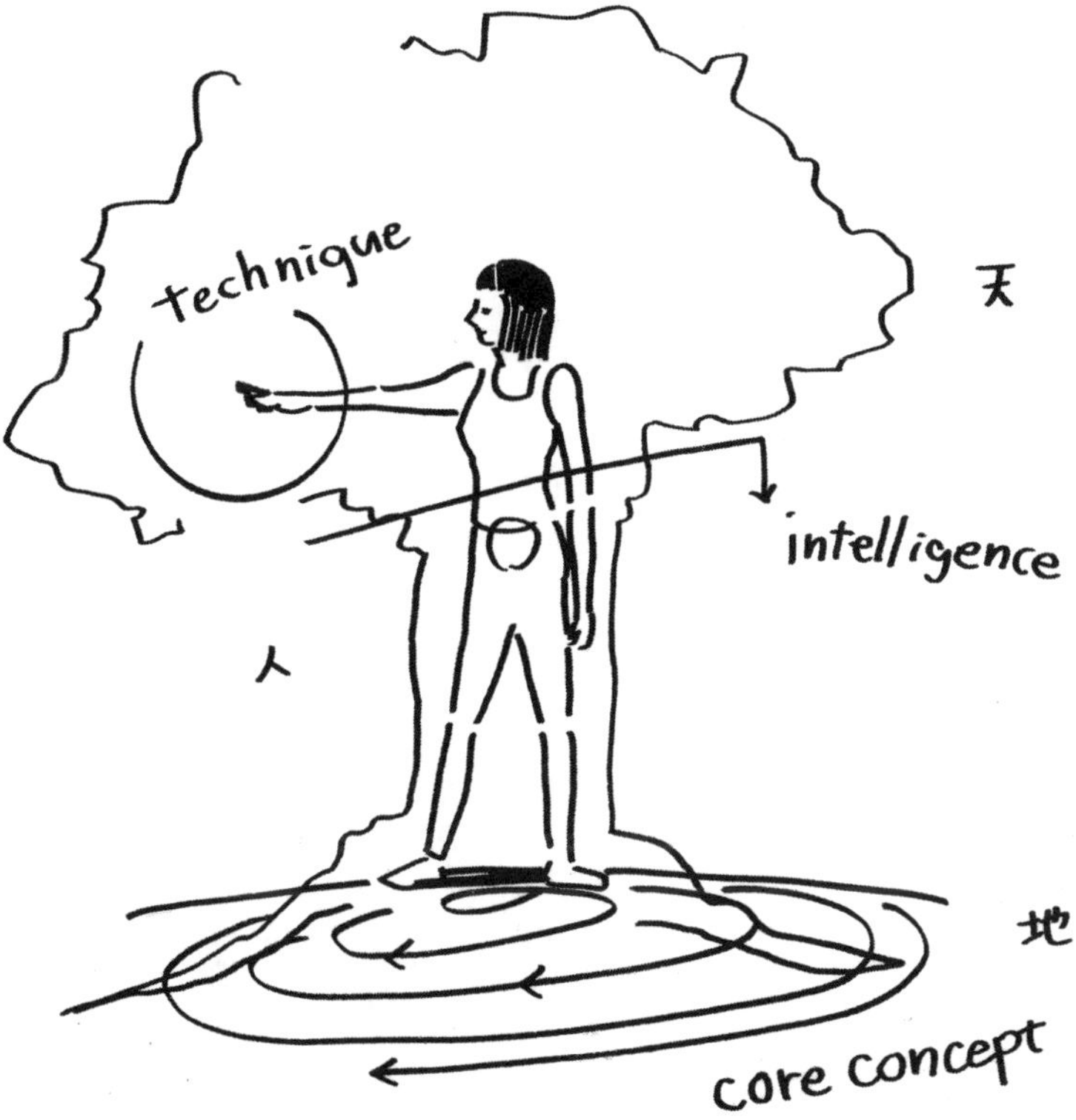

み出すのです。

本質は、身体ではなく床下にあります。天と地を「ただ静かに」踏み支えるのです。これが自分を超えていくインテリジェンスなのです。まさに潜在意識「下」です。相手と自分の中心をどうするかなんて難しい。そんなことよりも、地球とつながったほうが手っ取り早い。私とあなたも地球で、地球とつながれば自分も相手もいません。もともと地球しかないからです。自分1人なのか、地球と宇宙に

❶組み付かれたところを半歩足を後ろに引き、踵を踏みやすい四股立ちになる。❷四股踏みの要領で身体を倒すことで片足踏みにしていくと、❸相手はシーソーのように頭が下がり、フワッと腰が浮いて崩れてしまう。

なっちゃうかです。

どんなときも、「May the force be with you「フォースとともにあらんことを」なのです。

弱者の答え 50

くつろいで踏める姿勢を探求しよう。

後天的才能――成功とは怪しく胡散臭い。

Chapter 11

具体性がないのも武術。

武術習得とは本質的

武道と格闘技の違いは、実践性や即効性にあります。格闘技の技には即効性や実践性がありまます。武道の技はすぐに役立つかというと、そんなに甘くありません。すぐ役立つかどうかで始めると、後悔するのが武道です。

武道の練習の中心は、基本の習得に絞られます。武道は技でも、型でも、組手でも常に基本の出来を評価されます。勝つだけでもダメなのが武道の煩わしさです。

格闘技では、基本の先に実戦があります。格闘技は結果に徹していて、シンプルで即効性があります。武道は違うのです。基本の先に基礎があり、基礎の先に本質があります。そして本質の先になってやっと実践と実戦があります。これは格闘技に比べ、ずいぶん遠回りです。

本質を掴むための武道武術の世界

カタチには無限の解答と
曖昧で不安定な状況設定がある。

武道武術の雁字搦めで制約だらけの不自由さには、
制限のない技の可能性と武の本質性を感じ取る意図が
ある。

▼本質的とは抽象的で即効性が低い

武道ももともとは「武術」です。武術の生まれた時代は、人を殺すと出世できた時代です。武術とは先に相手を刃物で刺し殺す物語でした。殺すのに何をやってもいいというのが武術です。何でもいいという自由はかえって答えを出しづらくします。自由とは本質を見つけづらいのです。そもそも自由を定義することすら難しいのです。

実は、自由とは本質の習得には遠いのです。「何でも買っていい」と言われると子供でも気をつかいます。だからこそ型や基本という制約の中で本質を掴みやすくしているのです。「2千円を何に使うか」なのです。自由では実践的すぎて本質の理解には遠回りなのです。

「自由が本質的ではない」ということではありません。むしろ自由があまりにも本質的すぎるのです。本質とは抽象的であり技そのものではないのです。

弱者の答え 51

しがらみの中にある本質を見よう。

世界観が違うのが武術。

芸術とは、まわりくどい

武とは死ぬか生きるかの物語です。雑に言えば、暴力の正当化です。それでも武術の本質は暴力そのものではありません。生きるために何ができるかという哲学です。「それでも生きていく」という図々しさ。それも人間の本質なのです。

武術は生への清々しいまでの執着を学んでいます。継承されてきた基本や型の中には生き残る知恵と工夫があります。型の中には舞台設定、舞台背景、状況、歴史の説明があるということです。動きやカタチとは武術の世界観や価値観の共有・言語です。型を通して現実ではない別世界を旅行しているのです。

私は映画の勉強の中で「異化」という言葉に出会いました。旧ソ連のシクロフスキーという言語学者が提案した芸術の表現手法です。その後、ドイツのブレヒトによって演劇界

視点が変われば事象の解釈は変わる

での演出手段となっていきます。

「異化」とは「同化」の反対です。相手の共感よりも、相手を置いてきぼりにするのです。例えば、状況や実態が把握できないまま物語が進む映画があります。目が覚めたら無人島にいて記憶もない。やがて映画が進むと自分が何者でなぜ無人島にいるのかがわかってくる。「遠回りでまわりくどい説明からはじまり、しだいに説明が簡潔になっていく」このような流れを持つのが異化です。

もう一つは日常から離れた視点を持つという意味です。例えばアクション西部劇。侵略した側の視点で描くものと、奴隷側の視点で描く西部開拓時代では意味や解釈が変わります。侍の視点でも娼婦の視点でも体験する解釈は違うのです。視点が変わることで一つの事件の解釈が変わることも異化なのです。

さらに真相を知るとそれまでの描写がまったく別の解釈に変わるのも異化です。いい映画ほど観るほどに真相が見えてきて、都度解釈が増えていくのです。視点が増えているのです。

名作映画というものは複数の視点を味わえます。そしてたくさんの視点、たくさんの解釈を持つことで「何が本当に正しいのだろうか」という答え探しが実にバカバカしくて滑稽に思えてきます。解釈によって答えが違ってしまうからです。

弱者の答え 52

答えを減らし、解釈を増やそう。

感動とは、外界の視点を生きること。

▼映画は「ない視点」をお土産に帰る

異化とは「あるある」ではありません。異化とは「ないない」です。「人生は映画のようである」とは「あるある」です。「人生は下段払いのようである」と言われるともう意味がわからない。ところが置いてきぼりにされると知りたくなる。芸術とはその非常識な視点にこそ心が奪われるのです。

武術は芸術であり、芸術的な表現なのです。異化された表現手段でテーマを伝えていくのです。非常識な視点を旅行しているのです。遠回りでおおげさな世界を通過することで、日常を別の視点から観察できるようになる。これが映画を体験して得られるものです。実は武術でも同じ体験を得られるのです。

▼武術は「ない視点」を身につけて帰る

武術で共有する世界とは「あるある」ではありません。武術・武道・格闘技の世界は「ないない」の世界です。つまり非日常の体験です。武とは日常から離れた世界から身体・対人関係・ストレスを学ぶのです。外の世界を生きる時間を持つことで、日常に別の視点を持ち込むのです。「異化した生き方」を普段に持ち帰るのです。

真理を得るとは異化していくことです。それは視点を増やしていくということです。日常では得られない視点から観るという意味です。専門技術、儀礼、型とは新しい視点を手に入れる道具なのです。学ぶとは非常識を増やしているのです。

弱者の答え 53

非日常の非常識を生きていく自分を育てよう。

極意とは、才能を否定すること。

▼再現性と言語化を否定しないこと

「成功パターンはこの世にはある」それは、コツ・秘訣・極意という存在の肯定です。成功パターンとは、再現性があるという意味です。再現度が高いということはすでに科学です。実は、極意とは科学なのです。

成功パターンという科学を言語化できるとそれは学問と呼ばれます。アカデミックとは事象を「言語化し記述化」したもののことです。他者でも知識から再現可能であれば、学問による科学的な結果です。そうした結果は、もはや奇跡ではありません。科学とは奇跡の解明であり、奇跡の否定なのです。

極意とは「再現化」であり、口伝とは「言語化」です。この二つの存在は、奇跡の否定です。反対に他者が再現できず、言語化できないものは奇跡です。奇跡は学術的ではありません。奇跡は希少性が高いけれど、ロジックではないのです。

▼教育を信じるとは、後天的才能を選ぶということ

私が目指している世界は、職人技と才能の否定です。経験・身体や感覚というノンバーバルな世界が職人の世界です。実は、経験や感覚とは主観的であり、客観性はあまりありません。コーチの存在理由は、身体感覚とは曖昧で当てにならない情報だからです。才能や経験に左右されると決めるのは、教育そのものの否定になります。それは同時に極意の存在の否定なのです。

私は極意と口伝（再現性と言語化）による後天的な成功を信じています。何かを目指す人には、これはとても大切なアイデアです。経験や才能を超える能力が後天的に身につくことを否定してはいけません。才能がないからあきらめるというのは後天的能力開発の否定です。後天的才能という可能性にすがりつかなければ、勉強の意味はなくなってしまいます。

教育者であれば「大丈夫、一緒に超えていこう」という気概が必要です。「才能は

文字とは極意の口伝化である

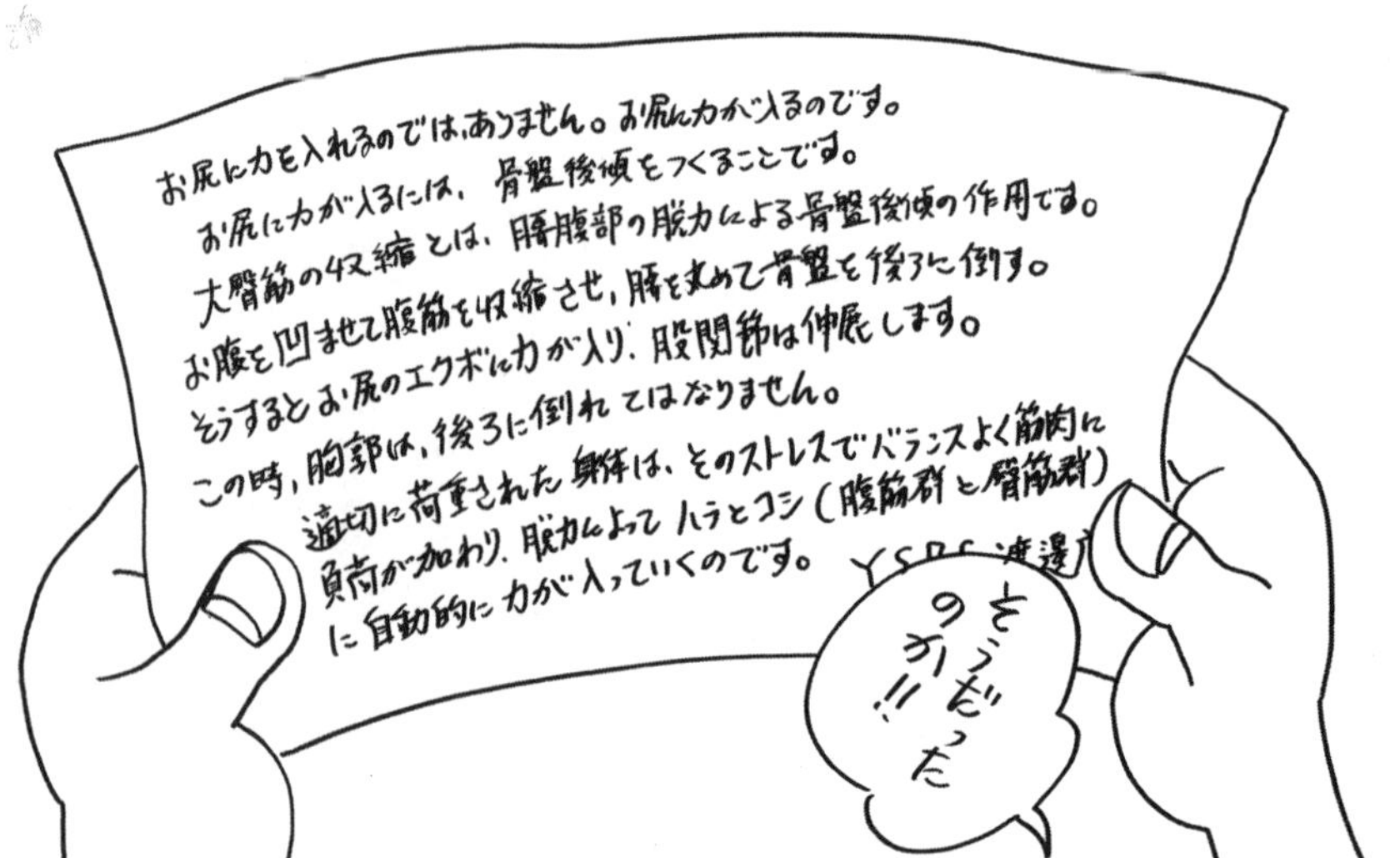

意識とロジックを言語化させ、携帯、共有でき、暗記の必要もない。読書は能力開発であり、極意伝そのものである。

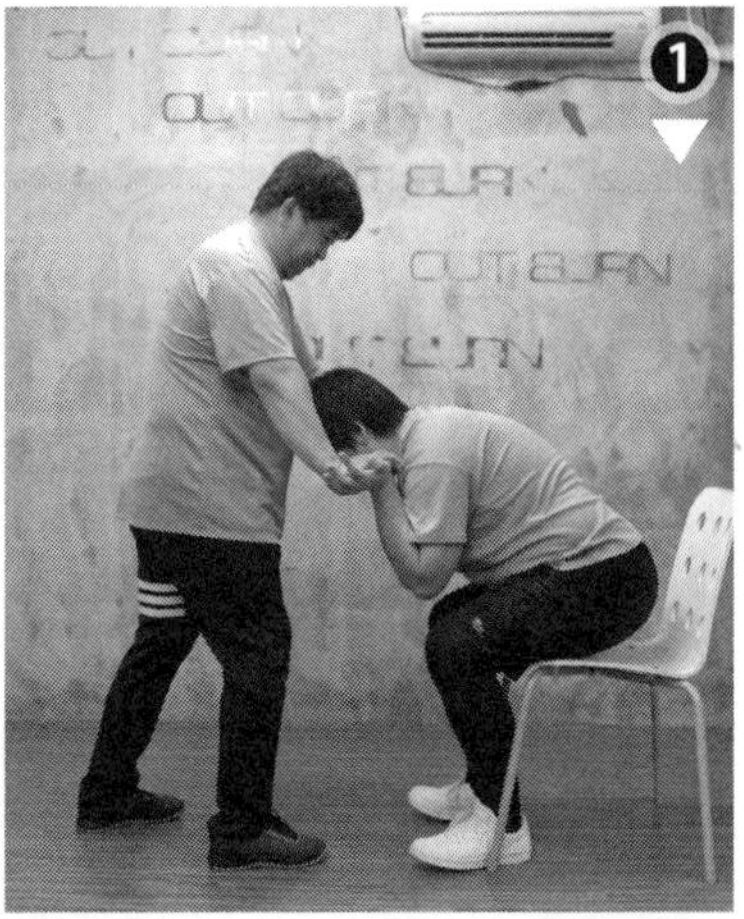

立つという動作は、全身を挙上させる運動ではない。では何をしているのかというと、全身で床を踏みつける動作だ。❶床を踏みつけた反作用で、❷膝が伸びて身体が後方に倒れ、❸結果的に立ち上がっている。お尻を丸める姿勢が踵で床を押し、上半身を後ろに倒す力を助けている。その力は強靭で、人を浮かすほどの力を持つ。

あったほうがいい。でも才能がなくても大丈夫です」「努力の方向がわかれば、理想の自分に近づけますよ」。私はそういう言葉をかけてあげたいし、かけてもらいたいです。それは私の理想であって、まだ十分に現実的ではないかもしれません。それでも後天的に乗り越えていくという可能性を生きることです。

秘伝はなぜ秘なのかというと、それは成功パターンだからです。ある種の成功パターンは、電気のように密かに存在するのです。成功の秘密が解き明かされたら希少性がなくなります。成功とは希少性なのです。

なぜ口伝があるかというと「言葉にしないと」その存在に気づけない「意識」の話だからです。言語とは「意識」なのです。言葉にするとはその時点で魔法なのです。

「言語化と再現性」の否定は、「科学」と「教育」の否定です。科学と教育は、先天性の才能を超える魔法です。科学的で学術的であるほど魔法を使えるようになるのです。

弱者の答え 54

奇跡の「極意化」と「口伝化」を実現させよう。

ざっくりと考える。

簡単は、難しい

難しいと口に出すのは簡単です。簡単と言うほうが珍しく、簡単だと思うほうが難しいのです。それでも人は何でも簡単に片付けたいと願っています。だからこそ、事象を簡単にした人は他人を幸せにできます。

物事をシンプルにするとは、時間を与えます。その時点で成功しているのです。物事を簡単に考えることとは、パズルを解くことです。混沌とした塊をパーツ分解し、復元可能にするレベルです。物事をシンプルに考えるとは、頭がいいのです。

思考を複雑にすることとは高尚ではありません。思考の複雑化とは執着です。複雑な機構を生み出せる人は、頭の中ではシンプルに整理されています。一つ一つは単純に見えているので、複雑なことも簡単なのです。

単純化とは記号化・パターン化しているということです。「バラバラに見えて全部同じ」というのはかなり乱暴な表現です。しかし、シンプルに考えるとは本質的に乱暴で雑なのです。

▼シンプルとは、ざっくりしている

単純化とは雑で乱暴で極論です。真面目すぎる人はこれが許せません。真面目くんは緻密で繊細ですべての部分に同じ価値を持っています。実は天才と呼ばれる人は、乱暴で極論でざっくりした考え方です。

天才はすべてのパーツに同じ価値があるとは思っていません。不要と思ったらドライに切り捨てるか、ないことにします。単純化されたエレガントな構造を支えているのがざっくりした思考です。天才は、成功率6割だったら「絶対大丈夫」と歓喜します。そして、失敗率6割だったら「絶対失敗する」と慌てるのです。

物事を単純化することは現実的な思考ではありません。しかし、異次元の未来を生み出す能力は現実的思考では無理なのです。これまで起きてきたことから未来を想定することは、現実的な思考です。それでは常識の範囲でしか、物事を考えることができません。常識的で日常の範囲での思考は緻密すぎるのです。これはクリエイティブではありません。クリエイティブとは非常識・非日常・アウェイなのです。そして単純で乱暴なのです。新しい価値観とは突飛に考える勇気です。

成功法則とはアブノーマルなのです。成功とは極論で非常識で少数派です。成功しない理由は、複雑でノーマルで多数決で決めるからです。みんなと同じものを競い、同じルールで争い、同じ獲物を追っています。

アブノーマルとは胡散臭いものです。邪道にも知らないものにもノーマルな人は近づきません。ところが成功とは胡散臭いものなのです。胡散臭いものは危ないかもしれません。ですが、そこにしか誰も知らない財宝は存在しないのです。成功とはまともじゃないからです。神様は胡散臭いお店で本物を見つける嗅覚を試すのです。

リスクを考えたら近づかないほうがいいでしょう。しかし、成功とは安全のことではありません。リスクの代償が成功なのです。極論することにはリスクもあります。単純化することにもリスクがあります。成功するとは小さな勇気でありメンタルなのです。

弱者の答え 55

保険のきかない道も歩こう。

ステップインすることなく肩のスイッチと腕を前に放り出すだけのシンプルな動き。結果的に片足に重心と上半身が移動し、相手より短い距離で長く強い腕を死角からワンモーションで放つことに。相手の攻撃の三角からわずか横にズレることも、結果的に起きたこと。

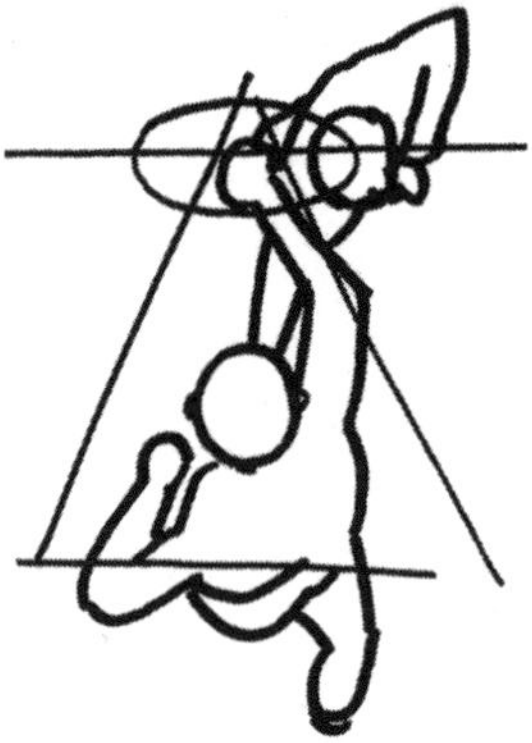

身体で避けようとしない。払わない。振りかぶらない。まともじゃないというリスクの先に宝はある。

リスクの先にある宝

前ページのイラストとは違い、写真（❶～❷）では逆にステップインし（身体を割って）相手の中に入っている。そのためには、避けず・払わず・振りかぶらず、自然に腕を前に放り出すだけの単純化した動きに徹すること。

Chapter 12

バイアス—綱引きの力。

土・水・火・風・空。

五輪書という武道書

本書出版企画のお話をいただき、私がモチーフにしたのは宮本武蔵の極意書『五輪書』です。五輪書が現代で最も有名な剣術極意書となった理由は、公にされた奥義書に加え、ビジネス書・哲学書・自己啓発書でもあったためです。武蔵は武術と自然を結びつけ、そこから生きていく上での心構えを、シビアで合理的な思考から生まれた高い知的水準の哲学に昇華させ、これらを簡潔かつ具体的に書き記しました。

武道という言葉の魅力は、武（現実）と道（在り方）を融合させたことです。「ネットや本に出てこない、武を通した人生を生き抜く自助書」を残したい。そう考えたときに私の中で浮かんだのは、奥義書であり哲学書である五輪書でした。

五輪書は「土・水・火・風・空」という五つの章立てとなっています。元は密教の五輪

(五大)というコンセプトです。古代インド哲学では宇宙を構成する五つの要素を「土・水・火・風・空」と説明しました。

地は固めるもの、水は流れ動くもの、火は方向、風は成長、空はこれらすべてを包括した概念です。武蔵は「土・水・火・風・空」を通し、宇宙や大自然に倣ったアイデアであることを悟らせます。極意書、奥義書である時点で、常識や教育とは違う視点で語ろうという武蔵の意図「プランC」がそこにはあったのです。

私も本書を五輪になぞらえ、①マスターコンセプト、②フィジカル、③ストラテジー、④スタイル、⑤コスモロジーの五つのパートに分けました。これらは基礎概念、身体論、戦略論、理想論、宇宙論であり、考え方も身体についても戦い方や理想も非常識な兵法書です。一般論や専門業界の常識とも違う「自然と人間との関係」についてです。

▼常識よ、今までありがとう。ごめんなさい。さようなら

ここに記してきたものは、私が失敗してどう立ち上がってきたかについてです。私は身体操作を学んでは落ちこぼれました。体軸を意識し姿勢を良くしようと努力し、脱力を心

発想の逆転から導かれる“弱者のための護身術”。

がけてもパフォーマンスは実を結ばず、身体の重さを利用しても結果は出せませんでした。感覚を研ぎ澄ますほど、ナイーブで短気な性格は悪循環。強さを求めるほど、弱い自分とは向き合いきれなくなりました。身体も心も壊れ結果も出ず、理想と違う自分が本当に嫌いでした。

壊れていく私がしたことは専門書を閉じ権威の言葉を捨て、自分の人生を使って反対の努力をする勇気でした。好きに生きてみたのです。路上ミュージシャンとして繁華街で自作曲を延々歌っていました。プロデューサーが拾ってくれて、その人にすがる生き方もありました。権威や常識に背を向けて罪悪感や後ろめたさを感じながらも相反する開放感や安堵感がありました。

そうして出てきたプランCが、意識操作・猫背・アウェイ・外側・静けさ・そして空間というアイデアです。「行動よりも意識、真っ直ぐよりも猫背、ホームよりもアウェイ、内面よりも周辺、中心よりも空間が大切」という気づきです。練習もせずに即効性があり、これこそ自分にとって自然なことだとすぐに理解できたのです。

空に近づくため 1

伸び悩んだら、一般論とはさよならしよう。

宮本武蔵の奥義「空」について。

空という具体的な哲学

宮本武蔵の五輪書の特徴は、具体的な記述が多いことです。顔の使い方をあそこまで具体的に書く身体論は他でも見つかりません。現実的で合理的思考をする武蔵は、現代の運動理論のような骨の記述はありません。それは修行オタクだったお釈迦様の教えでも同じです。悟りに必要なのは「骨」（コツ）ではなく無と空の概念の「理解」です。

五輪書の最終章である空の概念は、武蔵にしては短く簡潔で抽象的です。詩的で哲学的でざっくりした印象にとらわれがちの空の巻ですが、実際はとても具体的なアイデアとして武蔵は発信しています。武蔵は「空は、無いことである」と断言し、「有るところを知って、無きところを知る。これがすなわち空である」と言います。無いを知るというところが具体的な部分です。

「五輪書の空」
見えないものを観る

剣豪・宮本武蔵 自画像

この日本語の「無い」とは無：インド最大の発見であるゼロ（0）のことです。ゼロ（0）が存在するというコンセプトが空です。武蔵は「無い」が見えるようになる大切さをここで語っています。「ゼロをカウントする」という概念を採用することはとてもロジカルです。「無い」を僧侶レベルの教養で具体的に示しているのです。理解とは具体的なのです。

▼武蔵は「抽象的なものに逃げるな」と言っている

空の巻には、「～心意二つの心をミがき、観見二つの眼をとぎ、少もくもりなく、まよひのくものはれたる所こそ、実の空と知べき也」とあります。現代的には「パターンを知り、他の武芸もトレーニングし、精神と頭脳を鍛え、観察し、発見し、抽象的なものを具体的にすること。そうやってゼロがわかるんだ」と言っているのです。「見えないものを記述しろ」ということです。これは芸術家の使命です。見えるものを記述するのは当たり前です。そこからゼロもカウント（具体的に記述）することなのです。

「～心の直道よりして、世の大がねにあハせて見る時は～」という文は、「心がニュートラルな状態でユニバーサルな目線で物事を測れない人は、権威に頼らず、常識に頼らず、個人の正義感で判断しても、偏見と偏向で間違ってしまうものだ」という内容です。100年で変わるような常識はファンタジーです。大局的に観たら、ほとんどのことは真実ではありません。

「～たゞしくあきらかに、大き成所を思ひとつて～」武蔵の「正しい」という言葉は「正す」の意味合いが強いです。正義ではありません。良い悪いよりも、そこから直し修正していく心がけです。
長期的判断で修正しつつ、具体的でわかりやすい大事な部分を見なさいと語っています。

空に近づくため 2

見えないものを具体的にしよう。

ゼロ概念を持つ。

▼空を道とし、道を空とみる

武蔵は五輪書の最後に「空を道とし、道を空とみることだ」という言葉を残します。実はインド哲学の五輪の空は虚空であり、武蔵の空とは概念上異なります。虚空とは宇宙の要素である土水火風のすべてを包括する空間という要素です。空は、すべては流動的で変化するため実質上の実在は不可能という悟りです。

一方で武蔵自身は「空」の言葉の定義をどちらともなくとしています。実在しないという「存在」を認め、不安定で不確定なものを観る目を養えと説きます。普通、人は字を読むときに文字に目をやります。速読ができる人は、印字された紙のほうを見ます。そうすることで字が絵画的に入ってきます。観るとはキャンバスや額に目を置くことなのです。

インド哲学では見えているもの、実態があるもの、結果ですらすべて縁によって生まれた不安定で不確定なファンタジーであると説きます。それを「絶対がある」と思うことで人は迷うのです。「あるは、本質的にない」というのが真理です。私は絶対的な中心の存在すら否定します。中心すら流動的で切なく、空しい実体のない亡霊です。

それは私たちの心と身体も変化するファンタジーということです。私たちの時間では実感のある体験も思い出になったときには一瞬です。すべては一瞬しか存在していない、早回しで消える思い出です。世界も身体も体験も未来永劫、一瞬で永遠の思い出なのです。

▼空っぽにする、器を作る

物事は「すべては夢であり空っぽ」なのです。身体とは「空だ」です。内臓は内蔵させる容器です。胃の中は医学上も体外（公道）です。骨も筋肉も血管も管状の道路です。身体は中身ではありません。命すら消えてしまうのです。永遠に残せないから価値があるのです。

財閥が有限資源に価値を持つのは当然なのです。商業施設という空間を用意し、マンションという器を用意し、線路という管を用意し、経済という道を作り、そうやって街という空間を生み出す側が人を助け、結果的にコントロールできるのです。川を作り井戸を掘る側と、流れる水を利用する側の差は大きいのです。

脱力とは、力を空（から）にすることです。感覚や達成感に頼らないとは、無です。相手を虚にもってくるとは、空間を用意することです。探しても自分の答えが見つからないのは、無が答えだからです。

自分という実在を忘れ「無」になれば宇宙的な存在になれます。私は忘我という言葉をよく指導に使っています。オープンになるとは空っぽになることです。いっぱい詰め込み抱え込んだケースを空にします。忘我こそ宇宙とつながる極意なのです。

空に近づくため 3

世界の穴を見よう。

バイアスさえあれば動ける。

▼体操だけが道ではない

世の中にある習得法は鍛錬理論です。専門トレーニングによって体得していく考えです。身体操作であれば専門的動作や体操によって習得させます。多くの人は目に見える動き・移動・行動が結果を変えると思っています。武術の武は個人的な力ではありません。自然の力です。自然体の力とは何もしない力です。このパワーを忘れてはなりません。

本来武術は何もしないという偉大な力を尊重していました。ただ立つだけでいる。同じ姿勢をし続ける。武術の極意はここにあります。例えば腕立てとは基本であり、その基礎はプランクです。プランクを正すことで腕立ての質は変わります。プランクのように、姿勢とはそれ自身が力の権化なのです。

力を入れることにしか注意が向かないのは空を知らないためです。力が勝手に入る「しない（無）のエネルギー」を信じられるかです。見える移動の力は、フォースの一部です。姿勢が力であるからこそ移動も力なのです。ゼロの力を信じ観るというアイデアがなければ、動画を見続けても盗めるものはわずかなのです。

▼見えない流れを観る

身体が何もしないで生まれる動作とはバイアスのことです。バイアスとは偏りや斜めにするの意味です。階段を上るときにバイアスをかけることがあります。それはバランスでもあり、崩しとも言えます。

壁に持たれても椅子に座ってもバイアスは生まれます。寝ても立ってもバイアスは生まれます。壁に手をついている人のバイアスを分析できるかです。これは見えないテコ（支

バイアスをかける

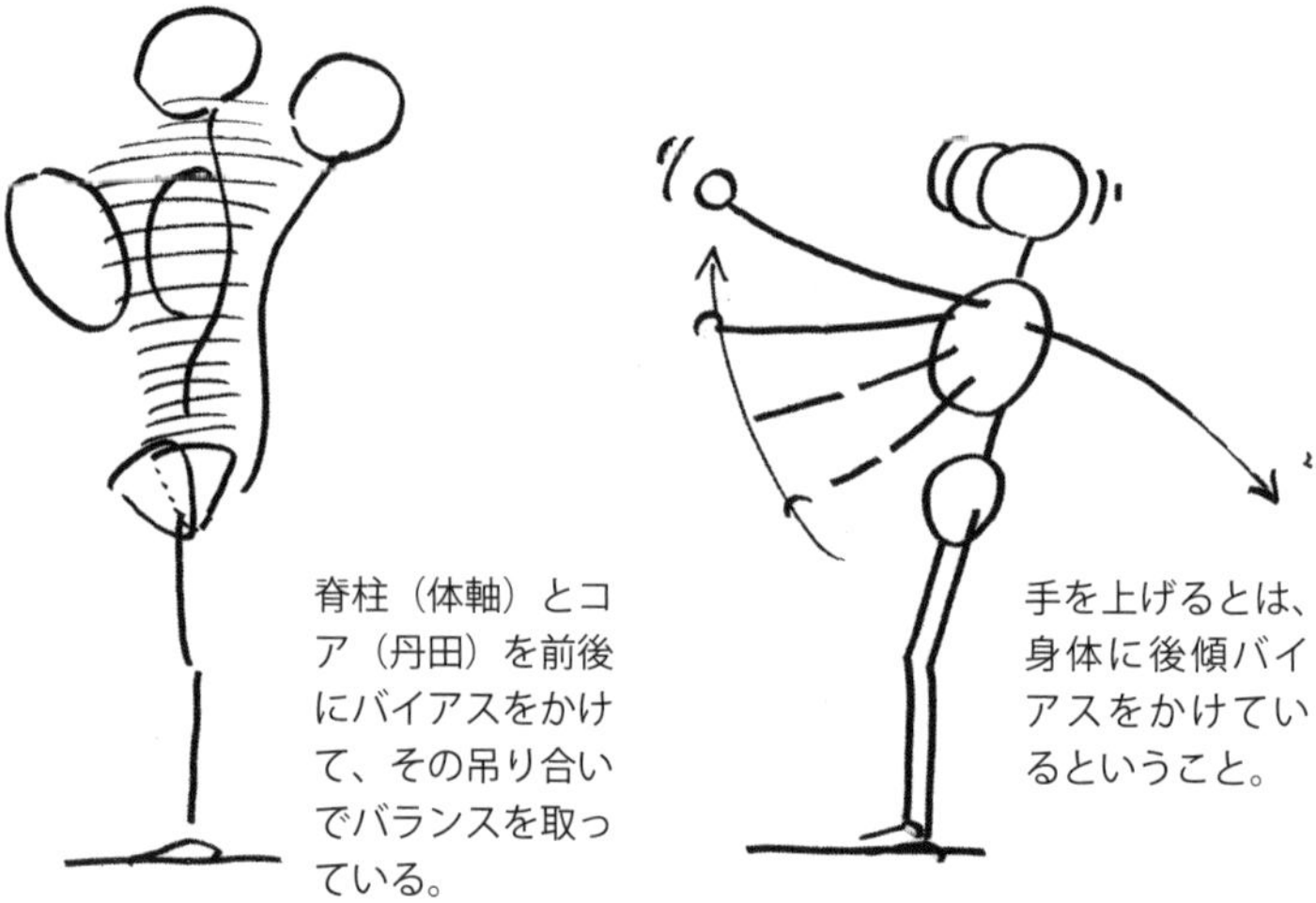

脊柱（体軸）とコア（丹田）を前後にバイアスをかけて、その吊り合いでバランスを取っている。
手を上げるとは、身体に後傾バイアスをかけているということ。

点）に気づけるかという話です。

バイアスをかけるのは意識です。実は大きな身体を動かしているのは骨を倒しているという意識です。腕を上げれば身体は後ろに倒れていますす。身体操作とはある方向にちょこちょこバイアスをかけているのです。メカニズムが深層筋であってもそれはノウハウではありません。空を道とすることです。

空に近づくため 4

偏りを具体的に知ろう。

「割る」離すバイアス。

▼背骨と肋骨を「離す」動き

バイアスは動きの中だけでなく静止の状態でもかかっています。いわゆる、静中の動です。脊柱とは後頭骨や仙骨を含めるとシングル構造であり解剖学的な軸です。頭蓋骨と肋骨と骨盤は左右のユニット構造で球構造の解剖学的な丹田です。この軸と丹田を前後に割くことで、骨格は固定的な支持組織の役割から離れ、運動組織としての自由を手に入れるのです。

例えばメッシとマラドーナではバイアスのかけ方が違います。メッシは肋骨を前バイアスにし、カウンターバランスとして脊柱が自動的に後方にかかるよう生活をしています。マラドーナは後方バイアスした脊柱で、カウンターバランスに肋骨が前にかかっています。前傾バイアスと後傾バイアスの違いはあっても、いずれも脊柱と肋骨は互いに反対方向に引き合い、骨格で支えずに上半身には浮身がかかっているのです。骨を分けて使うとはバイアスを別方向にかけることなのです。

▼ニューテーションという「引き離す」動き

この静的なバイアスに片足という不安定を加えると歩行が生まれます。例えばマラドーナ的な歩行にしたければ、上半身に後方バイアスをかけたまま、お尻を後ろに引いて片足立ちをすると前に進みます。メッシ的な歩行であれば、上半身の前方バイアスをかけたまま、お尻を前に出して片足立ちをします。いずれも前後にずれる胸郭と骨盤、それによってしなる脊柱の動きです。バイアスは荷重を生み、荷重が足下から筋入力を自動発生させるのです。

仙骨にはニューテーションと呼ぶ「うなずき運動」があります。これは捻転動作のことです。骨盤が後傾すると反対に仙骨はお辞儀します。仙骨のお辞儀は腰椎の前傾を生み出します。そこに胸郭の後方バイアスがかかると背骨は反り上がります。すると反対にお尻は丸くなります。生理的湾曲が減り、バイアス自体は生理的湾曲の反対に働きます。これ

背骨と肋骨を離す

前傾バイアス主体の
サッカー界のスーパースター。

後傾バイアス主体の
サッカー界のレジェンド。

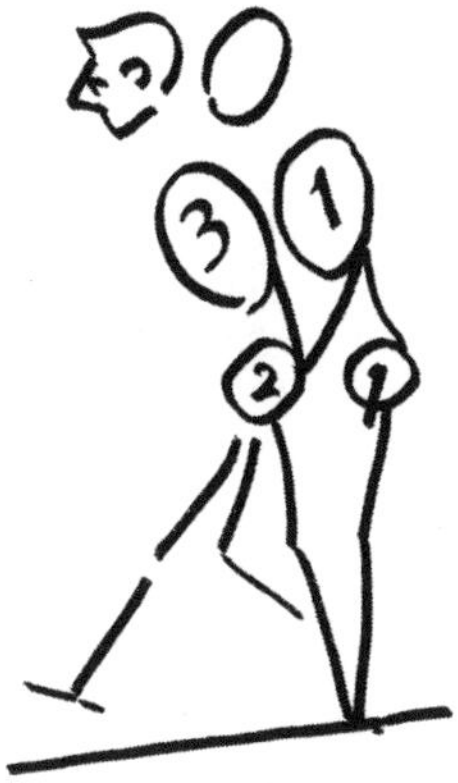

メシウォーク

❶上半身の前方バイアスをかけたまま、❷お尻を前に出して片足立ちをすると、❸前に進む。

マラドウォーク

❶上半身に後方バイアスをかけたまま、❷お尻を後ろに引いて片足立ちをすると、❸前に進む。

を推奨するのが武術の「真っ直ぐ」と呼ばれる姿勢に近いのです。真っ直ぐというよりも、潜在的になだらかなカーブになってしまう。マラドーナはそれに近い運動をしています。反対にメッシは飛脚のように胸郭を前に傾けることを選んでいます。侍と飛脚は違う職業です。どちらが良いとかではないのです。

武術の「真っ直ぐ」な姿勢

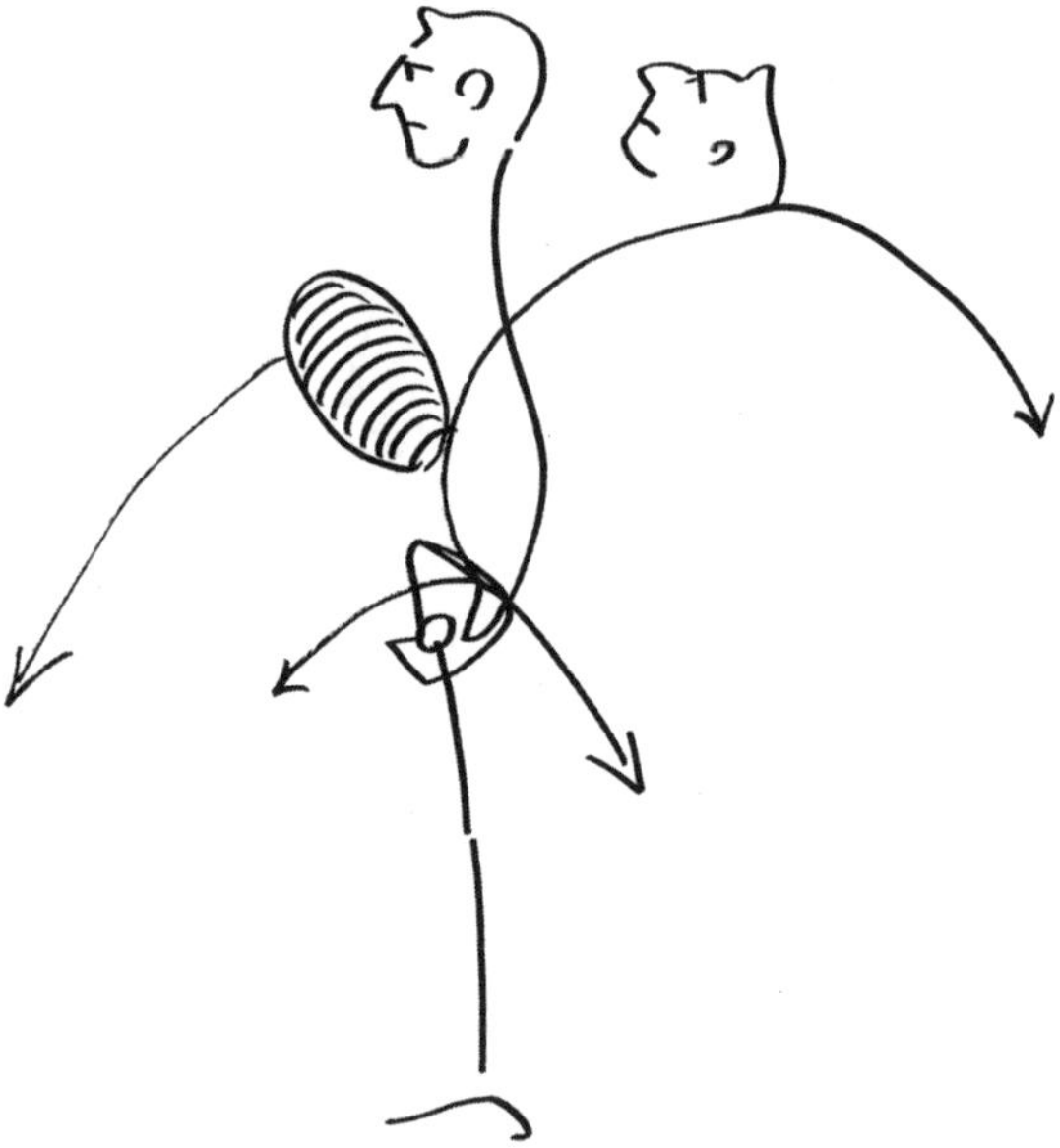

ニューテーション

寛骨後方捻転＋仙骨前方捻転

＋

胸椎伸長＋肋骨屈曲

＝

胸椎前弯＋腰椎後弯バイアス

自分の身体操作はゴールではなく、ゴールは相手の身体操作である。自分の身体にバイアスをかけることで、相手の身体にバイアスをかけ、相手の身体操作も可能とすることが理想だ。写真❶～❸では、相手の上半身も下半身も崩してはいない。相手の足裏と床のバイアスに働きかけた。相手の意識の中の床を動かしている。

▼「付かず離れず」という極意

人と人間の違いは間です。集団で生きていくとき大切なのは間（あいだ）なのです。間とは魔であり真です。空間には力があり、間にはテンションが生まれます。

コミュニケーションの極意は「付かず離れず」です。これは「触れてはいけない、断ち切ってはいけない」ということです。壁と溝を埋める努力はいりません。ただ同じ空間にいてあげることです。人の間とは糸電話だからです。糸電話には糸を張り続ける距離感が必要です。だからこそ、離れた喜びが糸電話にはあります。人は適当な距離（テンション）でこそ通じ合えます。ちょっと間を取ることで相手と近づけるのです。

弱者の答え 56

糸を張る距離に行こう（＝気を張ろう）。

間とテンション

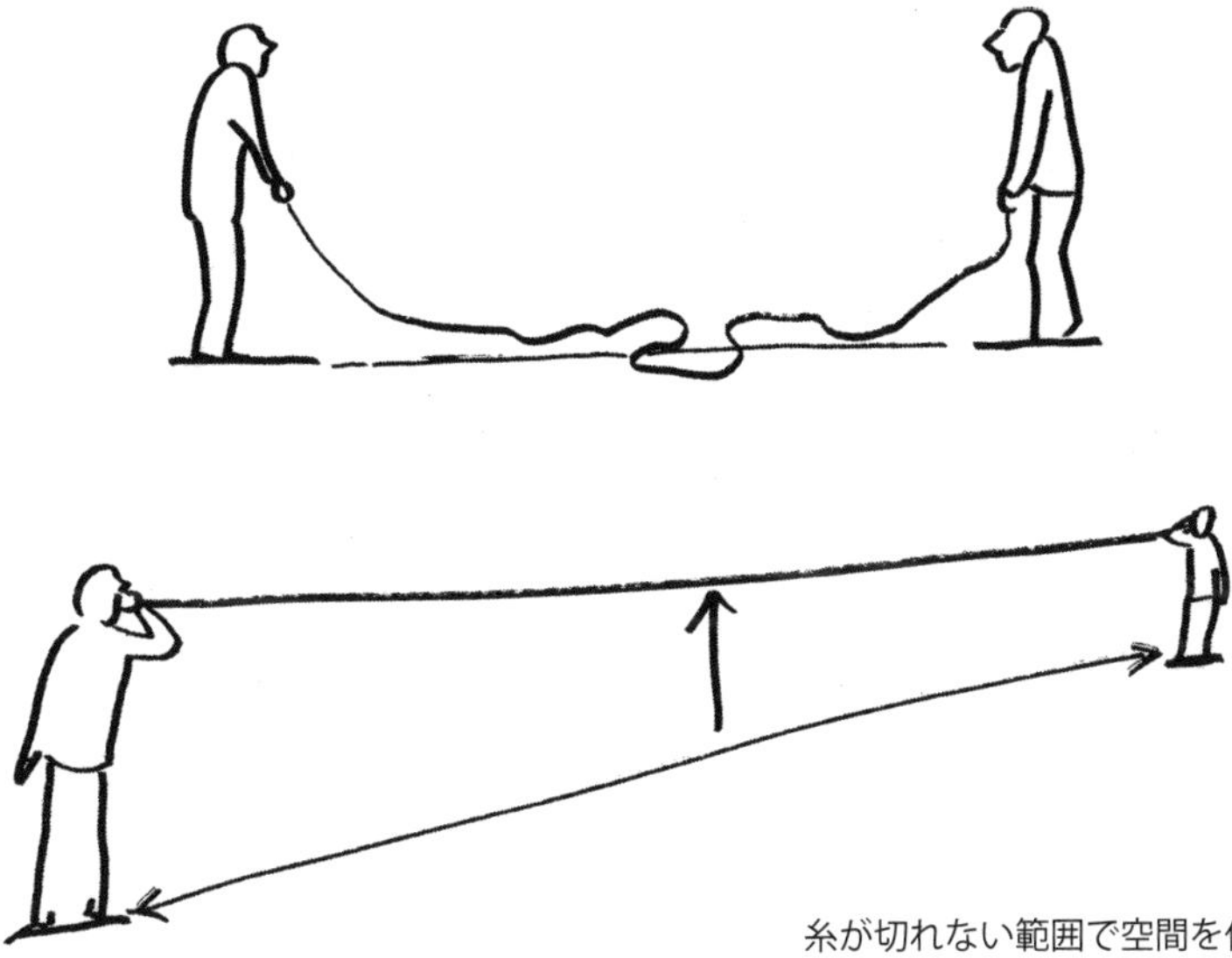

糸が切れない範囲で空間を作り
テンションをかけると、糸は引き合い、吊り上げられる。
エネルギーが相手に伝わる距離が存在する。
息を合わせるとはまさに吊り合いである。

epilogue

現実はレシピ通りにはいかないものだ。

多くの人はやり方を変えない代わりに、「もっとやる」ことを選びます。量を増やす。質を高める。それだけが突破口と思ってはいけません。さらに違いを求めることです。

この書籍に収めた内容は、私が違いを求めた結果を書き記しています。常識的なことをやってみたけれど、実際にはこういう工夫が必要だった。レシピ通りにやってうまくいかなかった。じゃあ、どうやって私は克服したのか。そのリアリティが書かれたものが本書です。

ここには常識は省かれ、私がうまくいった非常識しか書かれていません。常識・王道で悩み苦しんだ人に向けての邪道を書いたのです。邪道というのは、生々しい答えです。それでも成功したいという落ちこぼれの渇望から生まれたものです。

クリエイティブでいることは簡単なのです。「クリエイティブであろうとする」必要はありません。「違い」を求めればクリエイティブなのです。まず常識を突き放すのではなく、常識をしっかりと学び、常識をリスペクトし、そこから常識の外に向かうのです。私の「Think different」があなたの考え方を変える勇気になれば幸いです。

レシピにトライして、ミスして、レシピを超えよう。

著者◎渡邊 康人 Watanabe Yasuhito

1978 年生まれ、東京育ち。7 年の競技空手、10 年にわたる身体操作の修行の後、国内外の様々な武術交流を経て、空手などの国内では非公開の口伝を研究、集積をはじめる。2011 年から YSPC（ヤッシーズ・セルフ・プロテクション・コンセプト、あるいはヤッシーズ・シークレット・プリンシプルス・オブ・コンバット）として指導をはじめる。武術を現代社会で実用可能なレベルに落とし込み、即習得、即実用できる弱者のための護身術を研究、現在に至る。人間が潜在的に持っている野生動物の運動法則を覚醒させる護身術プログラムは、レッスン参加者から常に高い評価をうけている。指導・監修 DVD に『姿勢の超常識』『セルフ・プロテクション』（BAB ジャパン刊）がある。

YSPC Martial Arts Academy
http://yspc-goshin.info/

YouTube
https://www.youtube.com/c/YSPCMartialArtsAcademy

本文イラスト● 渡邊康人
本文デザイン● 澤川美代子
装丁デザイン● やなかひでゆき

◎本書は、武道・武術専門誌『月刊秘伝』2020年3月号～2021年2月号に連載された「私たちのプランC」をもとに単行本化したものです。

“邪道”で壁を突き破る。

武術のプランC

意識操作で関係を変える — 禁断のコンセプト

2021年5月5日　初版第1刷発行

著　者　　渡邊康人
発行者　　東口敏郎
発行所　　株式会社 BAB ジャパン
〒151-0073 東京都渋谷区笹塚 1-30-11　4・5F
TEL　03-3469-0135　FAX　03-3469-0162
URL http://www.bab.co.jp/
E-mail　shop@bab.co.jp
郵便振替 00140-7-116767
印刷・製本　中央精版印刷株式会社

ISBN978-4-8142-0387-1 C2075

BOOK Collection

柔術（やわら）の動き方 「肩の力」を抜く!

～相手に作用する!反応されない!～

簡単だけどムズかしい? “脱力”できれば、フシギと強い! 筋肉に力を込めるより効率的で、“涼しい顔”のまま絶大な力を相手に作用できる方法があった! 柔術は、人との関わりのなかで最高にリラックスする方法。日常動作や生き方にも通じる方法をわかりやすく教える!

●広沢成山 著 ●四六判 ●220頁 ●本体1,500円+税

脱力のプロが書いた! 「動き」の新発見

世界一楽しくわかる極意書!

読んだ瞬間から、動きが変わる! “目からウロコ”の身体操作の知恵! 誰もがまだ、自分の身体を知らない。40 歳になっても 80 歳になっても、新しい気づきがあります。人生 100 年が最高に面白くなる、ワクワク体験をし続けよう! スポーツ・武道はもちろん、すべての日常動作と人生の質も UP します。身体の可能性を引き出すヒントが満載の一冊です!

●広沢成山 著 ●四六判 ●208頁 ●本体1,400円+税

動きの本質力向上メソッド

筋力を超えた「張力」で動く!

誰もが動きの天才になれる!! 言葉を用いず自己の内面を身体で表現するマイムの追求から辿り着いた、動きの極意。それは、局所を収縮させず、身体の「すきま」を潰さない動きだった。スポーツ、武術、身体表現…、すべてに通じる「力まない動き」! 全身をつなげ、エネルギーを通す! あらゆる「動き」が質的転換される方法をわかりやすく紹介。

● JIDAI 著 ●四六判 ●208頁 ●本体1,400円+税

筋トレ・ストレッチ以前の運動センスを高める方法

「動き」の天才になる!

力みなく、エネルギーを通す、最大効率の身体動作を学ぶ! 無理な身体の使い方だと気づかずにトレーニングすれば、早く限界が訪れケガもしやすい。思考をガラリと変えれば、後天的に運動神経が良くなる! エネルギーラインが整った動きは、気持ち良い。語り得なかった“ 秘伝”をわかりやすく! スポーツ、ダンス、武術…etc . あらゆる動作が向上!

● JIDAI 著 ●四六判 ●256頁 ●本体1,400円+税

考えるな、体にきけ! 新世紀身体操作論

本来誰もに備わっている“衰えない力”の作り方!

「胸骨操作」「ラセン」「体重移動」…アスリート、ダンサー、格闘家たちが教えを請う、身体操法の最先端!「日野理論」がついに初の書籍化!! “自分はできてなかった”そこからすべてが始まる! 年老いても達人たり得る武術システムの不思議! 意識するほど“非合理”化する身体の不思議! 知られざる「身体の不思議」すべてを明らかにする!

●日野晃 著 ●A5判 ●208頁 ●本体1,600円+税

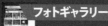

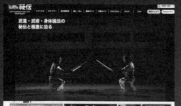

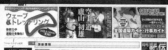